ESTRATEGIAS

PARA REDACTAR
CON UN
MICRO COMPUTADOR

Por
T. Edward Harvey
Brigham Young University—Hawaii

UNIVERSITY
PRESS OF
AMERICA

Lanham • New York • London

Copyright © 1991 by

University Press of America®, Inc.
4720 Boston Way
Lanham, Maryland 20706

3 Henrietta Street
London WC2E 8LU England

Library of Congress Cataloging-in-Publication Data

Harvey, T. Edward (Thomas Edward), 1940-
Estrategias para redactar con un micro computador
/ por T. Edward Harvey.
p.   cm.
1. Word processing.   2. Spanish language—Rhetoric—Data
processing.   3. Microcomputers—Programming.   I. Title.
Z52.4.H38   1991
652.5'536—dc20   91-10868 CIP

ISBN 0–8191–8258–3 (alk. paper)

 The paper used in this publication meets the minimum requirements of
American National Standard for Information Sciences—Permanence
of Paper for Printed Library Materials, ANSI Z39.48–1984.

CONTENIDO

RECONOCIMIENTOS

Aprecio muchísimo el apoyo de mi familia: mi mujer,
Carolina, mi madre, Seba, y mis siete hijas, Tamara, Debra,
Cynthia, Pamela, Loretta, Melody, Helen, y la gran ayuda
de mi hijo putativo, José Eugenio Martínez Prieto-Moreno.

PERMISOS

Camilo José Cela, *La familia de Pascual Duarte*,
Harold Boudreau and John Kronik, eds., 1961,
pp. 13-14, Prentice Hall Publisher, republicado con
el permiso del Editorial.

Julián Marías, *Plaza Mayor*, en Donald W. Bleznick, ed.,
El ensayo español del siglo veinte, 1964,
The Ronald Press, republicado con el permiso del
editor.

Enrique Tierno Galván, *El realto relación*, *Diario El País*,
27 August, 1984,
Raúl Guerra Garrido,   *El silencio*,   *Diario El País*,
07 January, 1985,
Anónimo,   *El Estress*,   *Diario El País*,
10 July,1979,
republicado con el permiso del Director General .

Extracto de **LECTURA DE PRENSA** por J. Roy y
J. Staczek, copyright © 1982 por Holt Rinehart y
Winston, Inc., republicado con el permiso del
Editorial.

PREFACIO

Estamos algo aislados en Hawaii y parecía que no había libros de texto de composición basados en la informática. Escribí *Estrategias para redactar con el microcomputador* con la intención de ayudar, no tanto a los alumnos sino también a los maestros de redactar de cursos advansados. Se verá que el libro se basa en distintas perspectivas. *Asumimos* que los estudiantes de un curso de redactar deben tener un nivel básico en escritura y gramática. Suponemos el dominio de la lengua Española como resultado de dos años de estudios universitarios o su equivalente. Este texto también se basa en el hecho de estudiar la escritura para entender lo que pueden hacer las mejores palabras en los mejores lugares. Finalmente suponemos que la composición es un proceso; uno dividido en tres fases: la invención--pre-escritura, escritura y revisión.

Practicamente, *Estrategias para redactar con el microcomputador* se centra en dos niveles de la composicion, los ensayos ejemplares por los maestros y las muestras típicas de los estudiantes. Estos fueron escogidos con esperanzas de que un estudiante de tercer año pudiera aprender de ellos.

Esperamos que este libro ayude a los estudiantes a desarrollar sus habilidades para redactar en Español proveyéndoles experiencia para escribir tan comprensible como sea posible. El esquema de experiencias de redactar es como sigue:

1. Distinguir entre los tres tipos generales de redactar: la descripción, la narración, y la exposición a traves de modelos típicos.

2. Practicar extensivamente la creación de descripciones y narraciones, y usar el raciocinio para escribir usando las extructuras de la exposición: la definición, la clasificación, la comparación y el contraste y el argumento.

3. Practicar las habilidades de revisión intensiva por medio de un proceso de borradores, apoyado por un sistema de apoyo mediante conferencias con el profesor o diálogos con alumnos.

4. Tener éxito en redactar a través de la experiencia personal y entre los límites del conocimiento intrínsico y las habilidades; los estudiantes escriben ensayos basados en lo que ya pueden comunicar acerca de una variedad de temas asignados.

El plan de *Estrategias para redactar con el microcomputador* se compone de cuatro componentes: un texto, un micro-ordenador, equipado con un procesador de palabras multilinguístico, acompañado por un comprobador estilístico . El componente del computador forma una parte integral del plan dando a los estudiantes la estimulante experiencia de dominar una máquina misteriosa--pero no amenazadora--y tener la versatilidad y la audiencia de un supremo, paciente amigo que acepta sin *temor* cualquier cambio en el borrador final.

La mayoría de los doce capítulos contiene las siguientes secciones:

A. Introducción al tipo de escritura para ser practicado.
B. Ejercicios de vocabulario.
C. Pequeños ejercicios a nivel de parrafos basado en modelos al nivel de los estudiantes.
D. Modelos de ensayos al nivel de los escritos originales.
E. Ejercicios basados en los modelos de ensayos que proveen la base de los factores de contenido, organización y estilo.
F. Tareas de escritos didácticos que consideran la importancia entre escritos, sujeto y lector.
G. Recordatorios del proceso de los cinco pasos del borrador: seleccionar un tema, enumerar y organizar las ideas pertinentes basadas preguntas heuristicas, escribir un borrador tentativo, revisar los puntos de gramática, de vocabulario, y de estilística en el segundo o el tercer borrador y después, escribir un borrador final

Se escribió el libro creyendo que los estudiantes podían redactar con un computador que contuviera un procesador de palabras. También el libro recomienda que utilicen un comprobador de estilo.

Usando combinados los componentes de *Estrategias para redactar con el micro-computador* permitirá a los estudiantes alcanzar sentimientos de orgullo y auto estima cuando se den cuenta de la alegría que experimentan al expresar sus pensamientos independientes en Español.

• _____ **AL ESTUDIANTE**

LO QUE SIGNIFICA *REDACTAR* EN ESPAÑOL

Redactar significa escribir con **propiedad,** usando las *palabras* debidas y con **corrección** ajustándose a las *normas gramaticales* del idioma. El título, *Estrategias para redactar con el Micro-Computador,* abarca el objetivo de ayudarte a pensar bien, aprender algo del proceso de redactar y darte algunas estrategias y plantillas para lograr la meta de escribir bien en el idioma. Enfoca *el proceso de redactar* y las maneras que puedes usar un *procesador de textos* como una herramienta poderosa de escribir, una que te ayude a ser capaz y eficaz como escritor.

¿QUÉ DEBO SABER ACERCA DE *ESTRATEGIAS PARA REDACTAR?*

Se diseñó el libro pensando en ti. El libro se compone de tres partes, **El ensayo expresivo, El ensayo transitivo, y La aplicación.** Cada capítulo de cada parte contiene plantillas (templates) que sirven para ayudarte a recordar como usar tu procesador de textos en un micro-computador mientras escribes. También contiene partes que corresponden a las tres etapas del proceso de redactar: **la invención, la redacción, y la revisión.** Además verás que en el primer capítulo se puede aprender cómo usar el micro-computador con cualquier procesador de palabras.

¿QUÉ TAL SI NO SÉ NADA ACERCA DE USAR UN MICRO-COMPUTADOR?

No te preocupes. Se escribió todo el primer capítulo para ayudar al que no tiene experiencia con la informática. El libro habla de cómo empezar y cómo tu procesador de textos puede ayudarte a redactar ensayos.

¿COMO PUEDE *ESTRATEGIAS PARA REDACTAR* AYUDARME A *ESCRIBIR?*

El libro contiene dos partes: **EL ENSAYO EXPRESIVO** y **EL ENSAYO TRANSITIVO** o EXPOSITORIO. La primera parte trata tu experiencia, tu vida y tiene capítulos que corresponden a la necesidad de narrar lo que te pasa, lo que te pasó o describirla con la ayuda de tu procesador de palabras. Por ejemplo, mientras buscas temas, debes consultar las estrategias al principio de cada capítulo bajo el título, *Primera Etapa: La invención.* Esas te ayudarán a formular y escoger uno que te convenga. Si, por ejemplo, necesitas analizar algo, puedes consultar una de las secciones de los Capítulos 5, 6 y 7 donde hay explicaciones detalladas acerca del análisis. Si tienes problemas con cuestiones de estilo, consulta la última sección de cada capítulo que trata la manera de usar un comprobador de estilo para localizar posibles puntos de dificultad.

¿QUÉ DEBO HACER CON LAS PLANTILLAS DEL PRIMER CAPITULO?

Cuando empiezas a experimentar este libro, apunta en las plantillas los mandatos u otras instrucciones que pertenezcan al sistema de tu procesador de palabras. Apuntando esta información te permitirá juntar y mantener esa materia siempre a la punta del dedo. Una vez apuntados los mandatos en las plantillas, este libro puede servir como manual de referencia y guía cuando redactes en un micro-computador. Al final del primer capítulo, se encuentra una lista de las plantillas que se incluyeron en ese capítulo.

Finalmente, muchas veces conviene juntarse con otros para aprender. No pensemos que se puede saber todos los mandatos y operaciones del micro-computador de una vez. Una manera muy eficaz es compartir experiencias entre compañeros de clase u otras personas en el laboratorio de lenguas o de procesar textos. Otros usuarios de micro-computadores pueden ser fuentes y compartir ideas de gran ayuda que te puedan solucionar problemas sobre los aspectos específicos de tu procesador de palabras, tu comprobador de estilo, o tu impresora que te sean enigmáticas.

CAPITULO 1
COMO COMENZAR
CON UN MICRO-COMPUTADOR

Estamos involucrados en un mundo informatizado. Los computadores, unas máquinas de acuerdo con los tiempos, pueden hacer muchas cosas maravillosas: proveer horas enteras de entretenimiento en la forma de juegos y rompecabezas; solucionar problemas; y ayudar a sus usuarios a analizar información usando varios programas. Se encuentran los micro-ordenadores en todas partes, por ejemplo, en los relojes digitales, los teléfonos, los aparatos video con control remoto, los hornos micro-onda, y en las calculadoras de bolsillo, es decir, practicamente en todo lugar común. El mensaje aquí es que los computadores se usan diariamente sin que nos demos cuenta y sin que nos intimiden. Así, no serán para tanto cuando nos enfrentemos por *primera vez* con un computador *de verdad..*

Se conoce cualquier computador con su procesador de palabras simplemente como un aparato, un utensilio para extender la mano, tal como un tenedor, una cuchara, o un cuchillo. Ese aparato recibe información mediante el teclado y la procesa según las direcciones de su usuario. Se introduce información, el aparato la manipula, y sale información. Si sabemos marcar directamente una llamada a larga distancia, y saber el alfabeto, podemos aprender rápidamente el uso de un procesador de textos para mejorar nuestra habilidad de redactar ensayos. Descubrirás que con un poco de paciencia tu computador se hará listo y capaz de ser un ayudante fiel--tan fiel a tus órdenes que a veces fastidia--que espera anhelosamente el siguiente mandato. La cosa más importante es reconocer que sin ti la máquina no es nada más que un juego de pedazos de plástico y metal. Más importante, la relación entre tú y ella es literalmente una de jefe a sirvienta--la máquina se encuentra delante de ti--no estás delante de ella.

2 ESTRATEGIAS PARA REDACTAR CON UN COMPUTADOR

Al usar un computador como herramienta para redactar, puedes pensar en él como si fuese un automóbil con transmisión automática--la mayor parte del trabajo que hacías antes para cambiar las velocidades, ya te la hace la máquina. Te enterarás rápidamente que, en total, lo que tenemos en un computador con un procesador de textos, es exactamente eso-- una máquina advanzada de escribir. Escribiendio con un aparato así será como manejar un automóbil. Antes de conducirlo se tiene que aprender como meter la llave, arrancar el motor, y meterlo en marcha. Se puede hacerlo mediante el estudio o por la experiencia. Este capítulo te mostrará cómo empezar: cómo prender la máquina y hacerla funcionar con sus programas básicas que te ayuden a redactar, revisar, e imprimir borradores de tus ensayos.

•_____ **Los Componentes del Sistema**

Un computador es realmente un aparato, uno que yace inactivo hasta que lo estimules. Para poder aprender cómo mandarlo con confianza, se debe aprender algo sobre las partes de su sistema y cómo funcionan cada una y su relación íntegra. Figura 1.1 muestra las partes de un sistema *genérico*. Se compone del computador mismo, un monitor, una unidad de discos o más u otros aparatos de almacenar, y una impresora.

Reconocerás facilmente el *monitor* : parece un televisor fino que permite a su usuario ver (y muchas veces oír) tanto lo que dice al computador como lo que replica el computador a su dueño--el usuario. El *computador,* que muchas veces se llama la **CPU** o la **unidad central de procesamiento,** consiste en una serie de *microfichas* . Algunos están imprimidos con juegos fijos de instrucciones los cuales permiten que el computador haga fácilmente sus rutinas de procesar palabras. Otras *fichas* componen el área de la memoria del computador que se llama la memoria **RAM,** que es memoria de acceso aleatorio que se puede usar para almacenar información temporalmente.

El Monitor/La pantalla

La memoria/La máquina

La unidad de discos

El teclado

Esta es la parte de computador que recibe la información que tu quieres teclear y almacenar allí. Tu sistema de informática recibe esta información en varias maneras: introducida por *el teclado* tal como escribiríamos una carta a una amiga, mandada por teléfono por un aparato que se llama un *modem*, o transladada desde un aparato de almacenar datos tal como una *unidad de discos* o una *grabadora de casetes*.

La información que mandamos a nuestro computador por una de estas maneras se mantiene en *RAM* (queda almacenado) únicamente cuando está encendido el computador. En otras palabras, si se apaga el computador o si se corta la electricidad--fuese por un microsegundo--perdemos todo lo tecleado hasta ese instante a menos que lo hubiésemos almacenado apenas antes del corte.

Siendo tan frágil la memoria, nos han provisto aparatos que almacenan nuestros escritos en una forma más permanente. Los que tú emplearás con frecuencia son los diskettes flexibles o los discos duros, los cuales funcionan de la misma manera que los casetes magnéticos de audio-grábadoras, o las de video. La superficie del los discos se cubre de un plástico y un óxido que recibe los impulsos electrónicos creados por una cabeza magnética dentro de la unidad de discos que es parte del sistema. **Archivar** es el término que se usa para señalar esa función, y nuestro escrito--carta o ensayo--se archiva en lo que llamamos *archivo*.

Una vez archivada, esta información está disponible al momento que la quieras recuperar, solo tienes que teclear tú deseo al computador y él lo comunicará al aparato de almacenar que busque tu archivo en donde lo tienes almacenado--el diskette flexible o el disco duro.   Esto se llama, **recuperar** un documento.   Puedes estar seguro que nunca perderás lo almacenado hasta que no mandes al computador **borrarlo**. Nos ayudará a entender lo todo aplicando la metáfora de un fichero que se encuentre en una oficina.   Podemos pensar en nuestra caja de diskettes como un fichero lleno de archivos, lleno de hojas de papel que contienen nuestros escritos que ahora podemos llamar un *documento*   que se puede sacar y usar para cualquier propósito.

Una vez hecho tu documento, te gustará **imprimirlo** como borrador. En las palabras de la informática, esto se llama imprimir una *copia dura*.   Es, desde luego para el escritor, la meta que hace saber procesar textos en un computador tan valioso.

EL SISTEMA OPERATIVO

Pero dicen, "¿cómo se puede hacer funcionar un computador como un procesador de palabras?" Los computadores intimidan a algunas personas que equivocadamente creen que ellos tienen que crear programas para poder hacer funcionar la máquina.   Desde hace mucho tiempo, esto ya no es verdadero. Ahora se puede teclear mandatos a tu computador que lo hagan hacer muchas maravillas sin saber ni una palabra del lenguaje de los grandes computadores.   Es posible esto por que han habido otros que han escrito programas para ti. Solo tienes que aprender la serie de mandatos que pertenecen a tu programa de procesador de palabras que utilizarás con tu computador . Ese conjunto de instrucciones se llama comúnmente *software,* que se componen de varios programas que hacen que el computador desempeñe labores específicas que se relacionan con los problemas relacionados con recibir mensajes del teclado y traducirlos y formatizarlos para que salgan en forma de documentos legibles a todo ser alfabetizado.

• _____ USANDO EL SOFTWARE

Para poder empezar a escribir, hay que introducir el diskette programa de tu procesador de palabras en la unidad de discos A, poner en marcha el computador, y **Cargar**lo. Este proceso se conoce también por el término **Boot el sistema.** El software probablement será almacenado en unos _diskettes flexibles_ que también se llaman _floppies, diskettes,_ o simplemente _discos._ (Véase la ilustración en Figura 1.2.) La apariencia de ellos puede engañar. A pesar de su aspecto débil, estos disquettes contendrán tu programa de procesador de palabras y todo tu trabajo duro que hayas hecho para formar tus archivos de texto. Se deben cuidar y proteger. Si sigues las siguientes sugerencias, podrás evitar problemas:

1. Cuando no se usen, almacena tus diskettes en su propio sobre, con sus partes brillantes hacia adentro.

2. Nunca toques la superficie expuesta del diskette; allí es donde se ha almacenado toda tu información y huellas dactilares causarán su muerte.
3. No dobles el disco flexible. Introduce el disco suavemente en la unidad de discos, y cuando no se usen protégelos entre dos tablas sólidas. Para transportarlos usa una caja para llevarlos o ponlos dentro de las hojas de un libro de pastas duras. Llevándolos en una mochila invita un desastre.
4. Temperaturas afectan radicalmente los diskettes. Mantenlos fuera de la exposición de rayos solares. Una regla será: cuando tu estés cómodo, tus discos estarán comodos.
5. Protege tus discos de imanes y otros aparatos que emitan ondas magnéticas, tales como radios, alta voces de un estéreo, y teléfonos u otras cosas parecidas. Hasta pisapapeles pueden llevar una carga magnética y dañar los discos.

<u>CARGANDO EL SISTEMA</u>

Para cargar tu procesador de palabras, primero hay que introducir el disco flexible en la unidad de discos A, y teclear las letras que llamen al sistema a la memoria del computador. Sigue las siguientes sencillas direcciones:

1. Coge el diskette--para que se vea hacia arriba el lado de la etiqueta--entre el pulgar y el dedo índice como se ve en la Figura 1-3.
2. Saca el diskette de su sobre.
3. Abre la puerta de la unidad de discos apropiada y mete el diskette, cara de etiqueta hacia arriba como se ve en la Figura 1-3.
4. Cierra la puerta o palanca de restricción cuidadosamente.

NOTESE: Sistemas difieren en las maneras en que se cargan o se inician; por ejemplo, un sistema requiere que encienda el computador primero y, luego, introducir el diskette original del sistema para empezar. Otros sistemas pidan que metamos el diskette programa primero, antes de encender la máquina y sus auxiliares tales como la impresora y el monitor. Se sabrán estos datos por leer la documentación que acompaña el diskette que contiene el programa de tu procesador de palabras. Siempre sigue las instrucciones para cargar tu sistema y ahora, búscalas en el manual o en las hojas de instrucción que pertenecen a tu programa de procesamiento de palabras y regístralas en la plantilla que sigue a continuación.

¿COMO SE CARGA EL SISTEMA?

_____
_____
_____
_____
_____
_____
_____
_____
_____

•   PREPARANDO UN DISCO ARCHIVO

Se necesita dos diskettes para tener éxito con tu procesador de palabras. Además del diskette programa, hay que tener otro en blanco en donde almacenar tus ficheros que correspondan a cada escrito, lo que se llama, amenudo, un *disco archivo o un disco de trabajo.* Se puede pensar en este segundo diskette como un pequeño gabinete, un archivo donde se almacenan ficheros. No obstante, antes de que puedas usarlo, hay que seguir las instrucciones para *formatear* un disco. Un disco en blanco no tiene información grabada en su superficie y se puede usar en cualquier sistema que pide ese mismo tamaño de diskette.

Formateando un diskette hace que el computador ponga electrónicamente un mapa de sectores en el óxido que cubre la superficie. Eso hace que la unidad de discos meta un matriz según las órdenes del computador en el diskette y que cree un directorio de dónde se encuentren los ficheros en la superficie del disco. Más tarde, cuando vas a almacenar un archivo, grabará su título en el directorio..

CUIDADO: Formateando un diskette siempre borra todo lo que hay en cima de él, sea lo que sea. Por esta razón, podrías destruir todos los ensayos y escritos que haya allí sin querer si formateas el disco de nuevo. Para evitar desastres, siempre consulta el directorio del diskette frecuentemente antes de formatearlo.

En la siguiente plantilla, registra los pasos para preparar tus discos nuevos a recibir datos nuevos.

COMO FORMATEAR UN DISCO

_____

_____

_____

_____

_____

_____

•   CARGANDO Y EMPEZANDO A TRABAJAR CON

EL PROGRAMA DE PROCESAMIENTO DE PALABRAS

El vocablo **cargar** se refiere al proceso de transladar una copia de la información en tu disco programa a la memoria RAM del computador. **Iniciar** quiere decir activar el programa que está en la memoria del computador. Cuando se empieza una sesión de redactar, hay que **cargar** y **hacer funcionar** tu procesador de textos antes de escrinbir. En el espacio en blanco que sigue, registra paso por paso la rutina que se debe seguir para hacer funcionar el procesador de textos en tu sistema.

COMO SE CARGA Y SE INICIA UN PROGAMA

NOTESE: Muchos procesadores de palabras inician el programa automáticamente cuando lo cargues. Otros funcionen a base de un programa MENU donde se tiene que seleccionar el programa deseado y el computador lo carga y lo inicia.

• TECLEANDO TU ESCRITO

Una vez funcionando tu procesador de palabras y cuando se vea algo en la pantalla del monitor, vas a querer crear texto. Ese acto de crear se llama **TECLEAR** o **ENTRAR**. Para hacerlo, tendrás que seleccionar el modo del *menu principal* que se llama **ENTRAR, EDITAR,** o **CREAR**. Muchos procesadores de palabras empiezan en este modo, otros requieren que selecciones esta opción de una lista en el *menu* que se ve en la pantalla.

Al haber seleccionado el modo de editar y haber visto el guión intermitente en la pantalla, sólo se tiene que escribir. Cuando se empieza a usar tu procesador de palabras, se hace lo mismo que cuando se coloca una hoja limpia de papel en una máquina de escribir, que ya ha sido preparada con sus márgenes y espacios. En este momento se empieza por escribir, y con el teclado del computador se hace lo mismo. El guión intermitente, que se llama el *cursor*, apunta como un dedo al sitio de la página donde se encuentra. Hablaremos más tarde sobre cómo se mueve el cursor por tu escrito. El mensaje en la parte inferior de la pantalla te indicará en todo momento cuál es el lugar exacto tal como se ve en la Figura 1-4. Esa raya se llama la *linea de estado* . Es con ella que tu computador conversa. Mediante diferentes menajes que aparezcan allí, te dirá lo que hacer en seguida. Diferentes mensajes salen de diferentes procesadores de palabras para decir lo mismo.

A pesar de parecer igual, tecleando palabras en un procesador de palabras y escribiendo a máquina tienen una diferencia muy importante. Es que en una máquina de escribir, hay que teclear un retorno cuando se llega al márgen derecho--lo cual te hará el computador automáticamente. El programa pone retornos blandos a la derecha cuando se llega al final de una línea--es decir automáticamente mueve la palabra entera a la línea siguiente--así manteniendo un márgen al lado derecho del ensayo. Esto se llama *escritura contínua*. Todos los procesadores de palabras tienen este rasgo y "saben" cuando la palabra que se haya introducido haya sobrepasado el límite de la línea actual. Por esta razón, es esencial que no toques EL RETROCESO hasta que no quieras indicar el final de un párrafo entero.

Prueba este rasgo escribiendo el párrafo siguiente, sin utilizar la tecla de Retorno. Deja dos espacios entre las frases y utiliza la tecla de SUPRIMIR para borrar los errores a medida que escribas.

ESCRIBE: **La religión de Jesús cada vez existe menos, tanto menos cuanto más en el tiempo nos alejamos de él. En rigor, dejó de existir con la muerte del maestro, del iniciador. Lo que hoy puede entenderse por cristianismo...no es ya tanto la religión procedente «de» Jesús de Nazaret, cuanto una religión «alrededor de» Jesús, el Cristo....**
                    (Fragmento por Alfredo Fierro)

Ahora usa la tecla de retroceso para mover el cursor al márgen izquierdo, listo para empezar a escribir un párrafo nuevo si te parece bien.

Toma unos cuantos minutos para familiarizarte con el teclado de tu computador y tu programa de procesamiento de palabras. Quizás no es exactamente igual que una máquina de escribir. Las teclas puedan sentirse diferentes. Algunas de ellas estén en lugares diferentes. No las hagas caso. Continúa entrando texto sin preocuparte de la exactitud hasta terminar tu trabajo. Una vez archivado el texto en disco, podrás *recuperarlo* y redactarlo fácilmente. Al partir de este mismo momento, ya puedes olividarte de tus errores y fijarte en tu mensaje.

Pero ¡sí no sé escribir a máquina!

Hay quienes tienen miedo de usar un procesador de palabras porque no saben escribir a máquina y creen que no tendrán éxito con un procesador de palabras. La mayor parte de nosotros tiene una fobia contra escribir a máquina porque nos acordamos de los líos y horas extras que gastamos en corregir los fallos hechos por la máquina al redactar un ensayo. Si trabajásemos con un ensayo importante, un résumé, hubiésemos rehecho muchas de las páginas dos o tres veces para entregar un escrito liso, cien por ciento sin fallos. ¡Qué pena! Sin duda tendrías miedo en este momento. Relájate. Entra palabras a la velocidad que te guste. No falta ser una maquinista, o una taquigrafista. Desde luego al saber la taquigrafía, se tiene una ventaja de *velocidad* sobre el que escribe con dos dedos. Pero, puedes escribir con cuantos dedos quieras a cualquier velocidad que te convenga sin perjudicar la *calidad* de tu escrito final. Tú y la otra persona pueden salir igual con ensayos sin fallos después de haber experimentado sesiones de redacción y revisión con un procesador de palabras.

Un procesador de palabras hace fácil redactar un ensayo perfecto de la cuestión mecánica. Puesto que todo lo que introduces por el teclado se encuentra en la memoria de computador y se archiva en tus discos archivos, puedes revisar y mejorar la presentación visual de cualquier ensayo usando las estrategias que se presentan en este y los capítulos siguientes. Si tienes problemas con la ortografía, no te preocupes, hay comprobadores de ortografía. Si tu estilo necesite ayuda, hay también comprobadores de estilo. Todo se puede hacer a través de tu computador.

• _____ **Archivar un Documento**

Una vez hecha tu escrito, una vez en la memoria del computador, te gustará revisarlo y mejorarlo. Los capítulos a continuación en el libro te ayudarán a aprender nuevas maneras muy potentes de usar tu computador para redactar y editar tu ensayo. No obstante, antes de que pierdas todo tus horas de trabajo a causa de un fallo eléctrico o de la máquina, hay que guardarlo en tu disco archivo. Si tocases una serie rara de teclas, se pararía el cursor, la máquina se trancaría, y perderías todo tu escrito y tendrías que empezar desde el principio a redactar el ensayo de nuevo. Para evitar desastres, porque siempre habrá fallos, para mantener en paz la mente, cree el hábito de **archivar a menudo**.

Cuando archivas un fichero o archivo (también se llama a menudo un *archivo de documento* o de *texto*), estás instruyendo al computador de grabar una copia exacta de lo que tecleaste a la memoria RAM en la superficie de tu diskette. Una vez archivado tu documento con éxito, se puede hacer cualquier cambio en la versión que se encuentra en la pantalla sin perjudicar tu escrito. Puedes vaciar la memoria del computador y empezar a escribir de nuevo otro documento porque tienes lo todo archivado en tu diskette. Lo tienes allí disponible para usar vez tras vez que lo necesites, igual que podrías sacar de un fichero un documento para revisarlo y corregirlo varias veces. Registra las direcciones para archivar un documento en la plantilla que sigue a continuación.

COMO ARCHIVAR UN DOCUMENTO

NOTESE: La mayoría de los procesadores de palabras te dejan archivar datos al azar--cuando te guste--mientras redactas en la pantalla sin salir del archivo. Muchos contienen la habilidad de archivar tu fichero y luego vaciar la memoria del computador y salir. Si tu programa contiene este rasgo, registra las direcciones para su uso en la plantilla que se encuentra a continuación.

COMO ARCHIVAR UN DOCUMENTO Y VACIAR LA MEMORIA

• _____ Dar un Nombre al Archivo

Hay que dar un nombre a cada archivo que creas. Puesto que los computadores suelen reconocer nombres de tamaño limitado, puedes siempre usar nombres cortos de menos de ocho letras. Hay que fijarse en la convención de dar nombres exclusivos a cada archivo. Con tal de ayudar al computador a reconocer la diferencia entre archivos, debes dar un nombre diferente a cada fichero. A continuación hay ciertas sugerencias para evitar confusión y para mantener la habilidad de seleccionar entre los ficheros borradores y los ficheros de versiones finales.

1. Se suele usar diferentes señales para distinguir entre borradores tales como: Ensayo1A, Ensayo1B, Ensayo1C, Final-1, etc.
2. Manten el límite de caracteres que requiere tu procesador de palabras. Si vas más allá de él, pueda crear problemas para tu programa.

3. No uses *caracteres ilegales* en los nombres de tus archivos, por ejemplo, @ ! : * ? , # $ ( ) " '. Son reservados para programadores mientras escriben en el lenguaje de la informática.
4. Nunca incluir un espacio en blanco dentro del nombre de un archivo: mejor *Borrador1* que *Borrador 1*.
5. Se puede crear y mantener un sistema de numeración sucesiva para diferenciar entre borradores tal como: Ensayo1, Ensayo1.1, Ensayo1.2, Borrador1, Borrador1a, Borrador1b, Borrador2, 2b, etc.

COMO NOMBRAR UN DOCUMENTO

Límite de caracteres cada nombre: _____
¿Se puede usar espacios en blanco en el nombre? Si___ No____

_____
_____
_____

NOTESE: que algunos procesadores requieren que nombres tu archivo al principio, antes de escribir en él. Así que debes nombrarlo antes de empezar. Otros sistemas piden nombre al almacenar los escritos.

•   **Recuperar un Documento**

Ya archivado tu escrito en tu diskette, puedes empezar a editarlo como quieras. Puedes redactarlo para corregir los fallos mecánicos y gramaticales. Pero, supongamos que acabas de empezar una sesión con tu procesador de palabras: tu archivo ya está almacenado en tu diskette y el programa para tratar tu texto ya funciona en la máquina. Ahora, ¿qué se debe hacer? O supongamos que quieres hacer revisiones en otro fichero en el mismo diskette.

¿Cómo se cambian archivos? A cualquier momento que quieres recuperar un archivo de tu diskette, hay que decir al procesador de **CARGAR** ese archivo (se usa **RECUPERAR** o **ABRIR** en muchos programas). Si estás empezando, sólo se usa el mandato **CARGAR** y el nombre del archivo para recuperarlo.

Sin embargo, si quieres cambiar archivos, hay que:

1. **ARCHIVAR** tu fichero actual.
2. Asegurarte que está vacía la memoria de tu computador.
3. Mandar el computador de **RECUPERAR** otro archivo.

En la plantilla que sigue a continuación, escribe las direcciones para **CARGAR** un archivo.

COMO RECUPERAR UN ARCHIVO

_____
_____
_____
_____
_____
_____
_____

NOTESE: Que no se debe confundir la acción de **CARGAR** o **RECUPERAR** un fichero con la acción de **iniciar** o de **cargar** tu procesador de palabras, lo que tiene que estar ya puesta en marcha en la memoria del computador antes de buscar un archivo para redactar.

• _____ **Averiguar el Nombre del Archivo**

A pesar de haberte olvidado del nombre de tu archivo, tu procesador de palabras lo hace fácil de recordarlo. Se debe hacerlo mostrar lo que se llama o*el directorio del diskette* , o *la lista de archivos*--una lista de los títulos de los ficheros archivados en el diskette. Al consultar tu directorio del diskette, tú puedes,

1. Averiguar si tu archivo está de verdad en ese diskette.
2. Saber el nombre exacto del archivo.

Una vez averiguado el nombre del archivado, tú puedes mandar al computador de CARGARLO. Si no se halla el archivo que buscas en este diskette y posiblemente esté en otro disco que tienes en otra unidad de discos, debes cambiar LA UNIDAD POR DEFINICIóN y buscar el nombre del archivo en él. Escribe las direcciones para mostrar el directorio de tu diskette en la pantalla del monitor en la plantilla siguiente.

COMO SE MUESTRA LA LISTA DE ARCHIVOS

•   Como Controlar el Cursor

Cuando se usa una máquina de escribir, sólo se mueve horizontalmente para hacer correcciones. Lo hacemos mediante las teclas *tabulador, espacio, y retroceso*. Se obtiene el mismo resultado en un procesador de palabras por mover el pedazo de luz intermitente que se llama el CURSOR a través del texto. La mayoría de los computadores tiene teclas de **flecha** p a r a mover el **cursor** hacia arriba, abajo, a la derecha y a la izquierda, un carácter o una línea. Para mover el **cursor** hasta los bordes del texto o hasta los extremos del documento, hay que usar la tecla **home**. En este momento debes tomar un rato para experimentar esas teclas y sus diferentes opciones para mover a través del texto.
NOTESE: Algunos procesadores de palabras no ofrecen esos movimientos del cursor.

COMO MOVER EL CURSOR

Espacio por espacio a la derecha_____

Espacio por espacio a la izquierda_____

Hasta el principio de la palabra anterior o de la próxima_____

Hasta el fin de una línea a la derecha _____

Línea por línea a la izquierda _____

Párrafo por párrafo _____

Hasta el principio de la primera o la última línea de la pantalla

----

Hasta la primera línea de la página anterior o de la próxima y desplazar de página en página _____

NOTESE: Que los comandos del CURSOR sólo lo mandan a través del texto ya introducido en un procesador de palabras. Así que cuando tú llegas al principio o al final del documento, el cursor se detiene.

•_____ **Eliminando errores**

Mientras movías el cursor a través de tu ensayo, hallaste errores que querrás corregir--tales como: insertar letras, añadir palabras, quitar frases, o corregir ortografía. Gracias a tu procesador de palabras los puedes editar con facilidad porque él lo perdona todo. En este sentido, es mucho más que una máquina de escribir auto-correctora. Cuando tu cometes un error, con una sola pulsación de tecla, tu procesador de palabras elimina la necesidad de tijeras, corrector, cinta y pasta.

LOS MODOS INSERTAR, SOBREESCRIBIR O SOBRE-IMPRESION

La mayoría de los sistemas de procesamiento de texto te permiten escoger entre tres modos de mezclar letras, o de añadir letras o palabras al texto, o INSERTAR, SOBREESCRIBIR, o SOBREIMPRESION. El primero es lo más común y muchas veces es automático--donde tienes puesto el cursor es donde el sistema mete la nueva materia, empujando hacia abajo el texto original. Otro modo, el de sobreescribir, borra y reemplace donde está fijado inicialmente el cursor a medida que vas escribiendo. El tercer, la opción de sobreimpresión, permite imprimir dos caracteres en la misma posición. Esta operación sirve para combinar caracteres que se encuentran en el teclado, a fin de crear caracteres extranjeros y simbólicos químicos. Averigua cómo cambiar entre los tres modos y mete esas instrucciones en la plantilla que sigue a continuación.

LOS MODOS INSERTAR, SOBREESCRIBIR, Y SOBREIMPRESION

_____
_____
_____
_____
_____
_____
_____
_____

NOTESE: Muchos de los procesadores comunes funcionan en el modo Insertar. Hay que cambiar modos para sobreescribir.

COMO BORRAR MATERIA

Para introducir materia nueva, los modos Insertar y Sobreescribir son buenos, pero si quieres quitar o borrar algo en error, hay que hacerlo con la tecla SUPRIMIR o BORRAR. Supongamos, por ejemplo, que hallaste la palabra *forr tuna,* una palabra que contiene doble letra y espacio sobrante. Sin duda te gustaría suprimir el error de ortografía y quitar el espacio. Para llevarlo acabo, fija inicialmente el cursor inmediatamente a la **derecha** de la materia que quieres borrar y pulsa la tecla SUPRIMIR, BORRAR, o RETROCESO para quitar la materia ofensible. Mientras borra, el computador hala el texto a la izquierda, iniciándolo con la letra o espacio en donde reposa el cursor. Una manera para recordar hacia dónde va la acción de borrar es usar la palabra inglesa *delete* (suprimir) que contiene la letra **L** que significa **izquierda.**

Por si acaso hallaste un párrafo que ahora no te gusta y necesitas suprimirlo. No vale la pena hacerlo palabra por palabra, carácter por carácter; esto gasta demasiado tiempo. Por lo tanto debes utilizar el modo, BLOQUE. Con esta función, podrás suprimir una palabra, una línea, una oración, un párrafo, o más de una página entera. En la plantilla a continuación, registra los pasos que debes siguir para borrar texto en tu programa.

COMO BORRAR BLOQUES DE MATERIA

ALGUNAS FUNCIONES DE SUPRIMIR

Para el espacio actual:

Para el espacio anterior:

Para palabras particulares en serie:

Para frases particulares:

Para parágrafos grandes o pequeños:

CAMBIO DE PARECER

Muchos programas de procesamiento de texto ofrecen una opción que te facilita quitar algunas o todas de las correcciones ya hechas. Si tu procesador de palabras tiene una operación CANCELAR, puedes rescindir las correcciones que acabas de hacer. Si tiene una operación ABANDONAR, puedes quitar *todos* los cambios apenas hechos. En la plantilla que sigue a continuación, escribe las direcciones para trastornar las correcciones.

COMO CANCELAR Y ABANDONAR CORRECCIONES

• **Modificaciones en un documento**

Con muchos procesadores de palabras, se pueden realizar, entre otras, las siguientes modificaciones: sangrar, combiar tabuladores, cambiar márgenes y cambiar espaciado.

SANGRAR

La tecla *SANGRAR* se utiliza para reformatear un párrafo a partir del margen izquierdo.   Cada vez que pulsa la tecla *SANGRAR*, el párrafo queda reformateado/sangrado por el espacio de una parada del tabulador.   También hay algunos procesadores de texto que tienen la operación SANGRIA COLGANTE.   Eso es donde la primera línea empieza en el margen izqierdo y las otras se sangran.   Escribe en la plantilla que aparece a continuación las operaciones para dos clases de sangría.

COMO SANGRAR

Sangría común:

_____
_____
_____
_____
_____

Sangría colgante:

_____
_____
_____
_____
_____

TABULADORES

La mayoría de los procesadores de palabras tienen tabuladores fijados de defecto.   Por lo regular, están prefijados para detenerse cada cinco espacios.   Unos sistemas revelan la REGLA DE márgenes y TABULADORES en la pantalla.   Otros la suprimen hasta que no la revelemos.   En un mismo documento se pueden fijar los tabuladores cuantas veces tú desees.   Sólo se afecta el texto que sigue a la fijación del tabulador.   Si tu sistema sostiene la división de la pantalla en dos ventanillas, la REGLA DE TABULADORES separa las ventanillas.   Hay también en algunos procesadores de palabras una operación para desplazar texto, ALINEACION DE TABULADORES.

Cuando se pulsa la tecla ALINEACION DE TABULADORES, se puede alinear verticalmente textos o números particulares sobre un carácter, por ejemplo, un punto decimal. En la plantilla siguiente escribe las direcciones para hacer funcionar las operaciones de TABULADORES.

COMO FIJAR O CAMBIAR LOS TABULADORES

Fijar Tabuladores:

_____
_____
_____

Alinear Tabuladores:

_____
_____
_____

MARGENES

Se puede fijar márgenes a la izquierda y a la derecha de la pantalla-- es decir de la página en donde escribimos. Pulsando una serie de teclas te permite fijar los de la izquierda y los de la derecha, teniendo en cuenta que su valor está comprendido entre 0 y 250. Por lo general los márgenes laterales se fijan en 0 y 79 u 80; una fijación que concuerda con el tamaño de la hoja en donde se imprimirá, dejando espacio apropiado en los dos lados de la hoja. El márgen superior tiene un tamaño de defecto--prefijado de 1 pulgada (6 líneas o 12 medias-líneas). Registra las maneras de formatear líneas y bloques verticales en las líneas de la plantilla a continuación.

COMO CAMBIAR MARGENES

_____
_____
_____
_____
_____
_____
_____

ESPACIOS

En un documento, hay espacios verticales y espacios entre letras. Todos los sistemas de procesamiento de palabras están prefijados para el espacio sencillo entre líneas. Cuando quieras cambiarlo (a doble, triple, etc.), hay que pulsar una tecla o una serie de teclas que funcionan para ESPACIAMIENTO. El espaciamiento puede cambiarse cualquier número de veces dentro del documento y sólo se afectará el texto que sigue después del cambio. Hay algunos procesadores de palabras que ofrecen el ESPACIAMIENTO PROPORCIONAL. Cuando se escoge esta función, la impresora debe espaciar proporcionalmente el documento en cuestión. Quiere decir que cada carácter se espaciará de acuerdo con el ancho que tenga. Por ejemplo, las letras mayúsculas son más anchas que las minúsculas, la «m» es más ancha que la «i», etc. Muestra en las líneas de la plantilla que sigue a continuación las funciones para cambio de espaciado.

COMO CAMBIAR ESPACIOS

MAYUSCULAS/MINUSCULAS

Algunas veces unos sistemas sostienen el cambio automático de mayúsculas a minúsculas y vice versa. Por ejemplo, si quieres poner todo un bloque de texto en mayúscula te deja hacerlo. En las líneas que siguen de la plantilla a continuación registra los comandos para llevarlo acabo.

COMO CAMBIAR MAYUSCULAS/MINUSCULAS

Mayúsculas:

Minúsculas:

_____

_____

_____

• _____ **Almacenando tus correcciones**

Después de haber hecho todos los cambios en tu documento, querrás ARCHIVAR esta nueva versión, mejorada y redactada. En la mayoría de los procesadores de palabras el escritor tiene que mandar el computador de archivarlo y bajo cuál nombre quiere que lo haga; el sistema no lo hace automáticamente. Si se te olvida este paso tan importante, tendrás que re-hacerlo todo, corrección por corrección, letra por letra, espacio por espacio. En este caso en vez de ser un aparato contundente, tu computador llegará a ser un gastador de tiempo. Mientras tanto, hay otros sistemas que te lo hacen automáticamente; cuando archivas, el procesador hace dos copias en el mismo diskette. Se debe recordar de poner un nombre nuevo al archivo corregido--el borrador final.

COMO ARCHIVAR UN BORRADOR NUEVO

_____

_____

_____

_____

• _____ **Imprimir un documento**

Uno de los mejores rasgos de tu procesador de palabras es su habilidad de darte una copia imprimida lisa, limpia y bonita inmediatamente después de haber lo terminado de introducir a la memoria del computador. La mayoría de los sistemas actuales tienen tamaños fijos que se llaman *tamaños de defecto* para imprimir. Los comandos prefijos dicen a la impresora los tamaños que debe usar para el margen superior (por lo regular 1 pulgada),el margen inferior (por lo general 1 pulgada y un cuarto), y los márgenes laterales que tendrán un tamaño de una pulgada cada uno, y el espaciamiento entre líneas que por lo general es singular. Es fácil cambiar estos tamaños e *imprimir un documento.*

En la plantilla que sigue a continuación, registra los tamaños de defecto para tu sistema y las direcciones para cambiarlos y los pasos para *imprimir* un borrador de tu ensayo.

COMO IMPRIMIR UN DOCUMENTO

Tamaños de Defecto: _____

Margen superior: _____

Espaciamiento: _____

Otros tamaños: _____

• _____ **Discos de Respaldo**

Tus archivos representan muchas horas y días de sacrificio y de trabajo.   Es importante que guardes copias de dichos archivos en un diskette de respaldo para asegurarte de que nada se pierda.   Una regla para eso sería, al final de cada día, o después de crear el borrador final de un ensayo importante, copia tus archivos utilizando el comando COPIAR en la señal de DOS   o bien la opción Copiar de la tecla Lista de archivos.   Tanto entre las opciones de archivar hay dos opciones, en algunos procesadores de palabras hay dos de respaldo también, respaldo automático a intervalos, y respaldo de originales.   En la plantilla que hallamos a continuación, describe los comandos para fijar las características de respaldo y respaldar archivos y discos.

COMO RESPALDAR UN DISCO

_____

_____

_____

_____

• _____ **Para Salir**

En este capítulo, te hemos introducido todas las habilidades básicas que vas a necesitar para poder dominar el orden de operaciones de tu computador mientras redactas en tu clase de español.   Refiérete a tus plantillas para ayudarte a recordar cuales son.   En poco tiempo verás que no las vas a necesitar porque las sabrás todas, pero siempre vas a tener este capítulo como referencia instantánea por si acaso.

Tu procesador de palabras puede hacer otras funciones mucho más exóticas y más amplias con tu documento las cuales exploraremos en los capítulos siguiente de este libro. En otros capítulos veremos otras maneras para manipular texto, crear archivos especiales, y usar rasgos adicionales de tu procesador de palabras. En esos capítulos verás las estrategias para redactar y para usar tu sistema como una herramienta poderosa de INVENTAR, REDACTAR, y REVISAR, una que te ayudará a producir escritos mejores y una que te hará jefe de lo que haces y donde dominarás definitivamente la redacción en español.

• _____ **Las Plantillas del Capítulo 1**

CAPITULO 2
REDACTAR:
DESCUBRIENDO EL SENTIDO

Refrán Quevedeño: «Nunca mejora su estado quien muda solamente de lugar y no de vida y costumbres.» (Vida del buscón, Libro III, Cap.X.)

REDACTAR ES ESCRIBIR

Creemos que la substancia de nuestro curso de redactar debe ser escribir y a desarrollar la habilidad de redactar bien. La redacción es un proceso de la invención--el arte de 'hacer venir' las ideas--o sea el proceso de descubrir y formar algo con significado. Implícito en esta definición está que la redacción requiere comunicar ese significado a alguien, no importa que ese lector sea ti mismo o alguien más fuera de la clase. Todos somos capaces de extraer de nuestro recuerdo y de nuestra experiencia ideas útiles para la elaboración de un escrito. Y mediante un cierto entrenamiento lógico , podemos valorar esas ideas y desechar las inútiles. La redacción puede servir a transmitir esas ideas a una persona u otra, puede ser una forma poderosa de aprender, al mismo tiempo, cómo pensar bien. A través de la redacción, podemos definir lo que pensamos y entonces refinar ese pensamiento. En este texto, uno de nuestros propósitos mayores será descubrir algo que creemos importante, algo que para nosotros tiene bastante valor de saber, mientras enfrentamos y sobrepasamos las tareas del curso. Si usamos la forma correcta para el contexto del mensaje que queremos comunicar, entonces, de verdad, vamos a comunicarnos con alguien.

La mejor redacción que hagamos llevará nuestro punto de vista, no importa si escribimos para nosotros mismos u otro lector. La buena redacción, entonces, se distinguirá por la interpretación correcta del tema elegido por nosotros, los autores. Nuestra tarea al principio será indagar nuestro propio tema para así expandir el significado en él. Para tener éxito en ello, al principio del libro escribiremos desde una perspectiva particular y personal antes de progresar a una perspectiva pública y formal.

25

• _____ EL PROCESO DE REDACTAR
LAS TRES ETAPAS

Vamos a considerar lo que encontraremos a través del texto en cada capítulo. Estará incluido lo que llamaremos «el proceso de redactar» lo cual se compone de tres etapas: «l a invención/antes de escribir,» «redactar,» y «l a revisión.» Cada etapa tiene rasgos específicos y útiles para el aprendizaje. Y los usaremos cada vez que producimos un escrito, o un ensayo. Una vez que las tengamos dominados, nos veremos creando nuevos métodos más eficaces para llevar a cabo los mismos propósitos. Veremos también que el libro fomenta el uso de micro-computadoras como tratamientos de textos yayudas a la redacción (también se llaman computadoras y procesadoras de palabras). Estoy seguro que después de usarlos veremos como "vienen" al proceso de redactar. Pero, antes de ir a experimentar la maquinaria, vamos a continuar con la teoría--he aquí las tres etapas explicadas detalladamente.

• PRIMERA ETAPA: LA INVENCION--Antes de Escribir

Esta, conocida como, la etapa inventiva, vendrá a ser una extensión de acumular ideas. En este momento--al principio del proceso--hay que experimentar y crear; hay que capturar lo que brote de su intuición y dejar que la mente conecte acontecimientos con imágenes. En este proceso dejémonos guiar por la imaginación y escribamos nuestros pensamientos sin juzgarlos. Más tarde, durante la etapa de redactar, es cuando se vuelve crítico y más consciente respecto a cuestiones de forma, tono, lector, estilo y mensaje.

PASO UNO: EL PUNTO DE PARTIDA--*CINCO Técnicas de la Invención*:

TECNICA 2.1: ACUMULAR IDEAS

Para empezar, probaremos la técnica de ACUMULAR IDEAS. Para efectuarlo, primero anotemos en una tarjeta o en una hoja de papel una lista de nuestras observaciónes, nuestras experiencias acerca de la idea escogida. Usemos palabras o frases sueltas y registremos lo que observamos. Veamos si conseguimos descubrir un orden de ideas--**la INVENCION**.

Nuestra lista será similar a la siguiente:

Tema :   Describir un Lugar

Propósito: Explicar una Experiencia en o con ese lugar

Notas:

cajera hambre efectivo   satisfecho billetes harto
guardia compañeros de cuarto olores
bandejas mojadas utensilios suelo resbaladizo
muchedumbre la glotonería basura pesadumbre
asco   todo se mueve
?   ?

    Experiencias como las señaladas arriba se localizarían en la cafetería de una universidad.   Otras iguales te ayudarían a identificar temas para una posible exploración y desarrollo. Recordemos que hay una diferencia   entre usar la escritura para describir una manera de «pensar en» y como «responder a» una experiencia.   Cada uso tiene su lugar de importancia y desde luego los dos no se separan fácilmente.   Sin embargo, para esta tarea, fijémonos en los detalles sensoriales.   Ahora podemos «ponerles carne» a cada nota.   Es aquí donde algunos detalles y algunas direcciónes emergen para ser reconocidas. Por si acaso se te escapan las ideas y los detalles pensando en una, ve a otra y fíjate en ese contexto.

TAREA DE REDACTAR 2.1: ACUMULAR IDEAS

    Podremos ahora leer los siguientes párrafos, uno de Pío Baroja, un famoso escritor español, otro de José Martí, el famoso patriota y poeta cubano, y un tercero por Clarín, otro español del siglo pasado.   Ellos hablan respectivamente de un lugar, de un viejo acordeón, y de una estatua del gran libertador del norte de Sudamérica--Simón Bolívar.   Pongámonos en el lugar de cada uno y creémonos una lista de palabras, la que hubiera hecho cada maestro al observar el lugar, el acordeón, o la estatua. Después de terminado, consulta cada escrito y compara lo que hiciste con la invención que hiciera el maestro.

LECTURA 1

«A veces, el viejo instrumento tiene paradas, sobrealientos de asmático; a veces, la media voz de un marinero le acompaña; a veces también, la ola que sube por las gradas de la escalera del muelle, y que se retira después murmurando con estruendo, oculta las notas del acordeón y de la voz humana; pero luego aparece nuevamente, y siguen llenando con sus giros vulgares y sus vueltas conocidas el silencio de la tarde del día de fiesta, apacible y triste.»

Pío Baroja: *Elogio del acordeón.* (Fragmento)

LECTURA 2

<La cabeza de bronce de Cova parece que encaja aún sobre los hombros del que la llevó viva. ¡Oh, cabeza armoniosa! La frente, noblemente inflamada, se alza en cúpula; el peso de los pensamientos se ha plegado; al fuego deaquella alma se ha encogido; surcándola hondas arrugas. En arco se alzan las cejas, como cobijando mundos. Tiene fijos los ojos, más que en los hombres que lo oyen en lo inmenso, de que vivir siempre enamorado. Las mejillas enjutas[1] echan fuera el labio inferior, blando y grueso, como amigo de amores, y el superior contraído, como de hombre perpetuamente triste. La grandeza, luz para los que le contemplan, es horno encendido para quien la lleva, de cuyo fuego muere.»

José' Martí: *La Estatua de Bolívar* (Fragmento)

LECTURA 3

«Pertenece el rincón de hojas y hierbas de doña Berta a la parroquia de Pie de Oro, concejo de Carreño, partido judicial de Gijón; y dentro de la parroquia se distingue el barrio de doña Berta con el nombre de Zaornín, y dentro del barrio llama a su casa La Hondonada Frondosa, en medio de la cual hay un gran prado que tiene por nombre Aren. Al extremo noroeste del prado pasa un arroyo orlado de altos álamos,[2] abedules[3] y cónicos húmeros de hoja oscura, que comienza a rodear en espiral el tronco desde el suelo, tropezando con la hierba y con las flores de las márgenes del agua.»

Leopoldo Alas, «Clarín»: *Doña Berta y otros relatos.*
(Fragmento)

[1]lean
[2]poplars
[3]birches

TECNICA 2.2: HACER UNAS LISTAS

En las líneas que siguen a continuación, escribe conjuntos de palabras para acumular las listas supuestas que hiciera cada uno de los maestros antes de escribir su párrafo.

_____
_____
_____
_____
_____
_____
_____
_____
_____
_____
_____
_____
_____
_____

Aunque esta etapa sirve para cualquier proyecto de la escritura,vamos a comenzar con la tarea de describir algo que nosotros experimentamos durante nuestra vida diaria en la universidad.

TAREA DE REDACTAR 2.2: HACER UNA DESCRIPCION

Podemos pasar por nuestra vecindad--la pensión estudiantil, la ciudad universitaria, por la biblioteca, el comedor estudiantil, o la cafetería.   Debemos tomar una decisión en cuanto al enfoque del trabajo que haremos, si será una descripción de un lugar, una persona, o un objeto.   Debemos llevar con nosotros algo con que escribir hacer una lista de detalles que experimentamos por medio de los cinco sentidos-- la vista, el oído, el paladar, el tacto, y el olfato.   En otras palabras, hemos de capturar las experiencias en escrito de la superficie del ambiente que visita y no los sentimientos emocionales que tengamos. Nuestra tarea será de hacerle «ver» al lector, no de decirle lo que pensamos.

TECNICA 2.3: EL MOVERSE EN CICLOS

El moverse en ciclos--otra técnica de libre escribir--pide que tú pienses en uno de los tres puntos de vista y que escribas libremente hasta que halles como sacar de tu memoria todas las pequeñas piezas de información y los detalles semi-olvidados que tienen que ver con la investigación de tu ser cotidiano en el pasado. El proceso en general te ayudará a descubrir algo fijo, algo concentrado--un «centro» o un «imán» que te ayudará a enfocar tus pensamientos hacia un conjunto harmonioso que se llamará ensayo. Al completar cada ciclo conviene hacer una oración de resumen. En ésta tú tendrás «un centro de gravedad» que atraerá todo pensamiento en el párrafo hacia un enfoque.

TAREA DE REDACTAR 2.3: LIBRE ESCRIBIR

A. Primero, escoge un punto de vista y escribe durante un plazo de cinco minutos, ¡sin parar! Si pierdes el hilo del pensamiento, no importa, sigue escribiendo en torno a lo que te viene a la mente pero regresa al tema de la pregunta guión lo más pronto posible; no te fijes en nada mecánico, ni en la gramática, ni en la ortografía; solo **escribe en el procesador de palabras lo más rápido que puedas.** Ahora mándalo a la impresora para que haya un documento que redactar.

B. Ahora, durante un ciclo de diez minutos, emplea el mismo procedimiento del primer ciclo, pero esta vez empieza con la oración «imán» del último párrafo como punto de partida. Comienza a escribir en el teclado de el computador o escribe en un papel. Si te desvías del tema, regresa al «centro de gravedad» y sigue escribiendo. Al cabo de diez minutos, resume el párrafo en una oración clara e imprime este fragmento para usarlo más tarde.

C El tercer ciclo puede ser una repetición del segundo buscando el refinamiento del tema escogido. Puesto que hay otros dos puntos de vista que considerar, este ciclo puede ser otro igual que el segundo. Se puede escribir otra vez sin parar por el espacio de diez minutos pero esta vez te proveemos un tema: «tu ser cotidiano a través de las interrelacciones sociales y escribe una oración de resumen. Luego mándalo todo a la impresora. Haz lo mismo con otro tema--«tu ser del pasado a través del medio ambiente donde existías» y también imprímelo.

D. Fíjate ahora en las tres oraciones claves--los tres «centros de gravedad» para ver si tú puedes hallar huellas o señales que te saltan a la vista las cuales te ayudarán a redactar con claridad teniendo en mente una idea, un enfoque estrecho. Ya que tú tienes más que una lista simple de respuestas, esté preparado para redactar.

TECNICA 2.4: LA TECNICA *DELFI*: COMPARTIR

Compartamos ideas con otros miembros de la clase. El profesor os puede asignar un compañero o compañera de redacción, o nos puede organizar en grupos pequeños de cuatro personas. No importa el método, lo importante es de compartir en la clase las tareas de la clase. Hay que buscar «una segunda opinión.» Además él asignará especialistas de estilo, especialistas de comprobación que se fijarán en: 1) las introducciones; 2) las transiciones; 3) las conclusiones; 4) la ortografía--especialmente los acentos; y las tres reglas de Azorín, por ejemplo. Esta es la técnica *Delfi*.

TAREA DE REDACTAR 2.4: LA REACCION DEL PROJIMO

Selecciona a un/a compañero/a de clase con quien trabajar. «Andemos» con ella y guiándonos con nuestra lista hablemos del desarrollo de información que tenemos hasta ahora; es decir, expliquémosle a nuestra compañera lo que significa cada una de las notas y cómo se relaciona con cada otra. Animémosla a que nos haga preguntas acerca de cualquier detalle, cualquier parte de la materia que no le parezca bastante clara ni detallada. Al ocurrírsete ideas nuevas o correcciones, podrás ajustar tus listas. Teniéndolas ajustadas, respondamos a las preguntas o las inquietudes de nuestra compañera. Después de esta experiencia particular, compartamos listas con los otros compañeros de clase para ampliar nuestra habilidad de registrar datos e impresiones.

TECNICA 2.5: EL MONOLOGO

Con ésta, tú añadirás hasta otra técnica a tu colección de estrategias para empezar: se llama **el monólogo**. No te debe de ser desconocida; tú la habrás estado usando mentalmente desde hace mucho tiempo para una variedad de propósitos. Considera, por ejemplo, tu preparación mental antes de una entrevista para conseguir un puesto en una compañía internacional. Dentro de tu cabeza pueda ocurrir un escenario de preguntas y respuestas semejantes a las siguientes:

El ego: Bueno, así que tienes una cita para entrevistarte. ¿Y qué?

Yo: Pues, no te importaría pensar en algunos temas de conversación.

El ego: ¡Astuto, «'mano[1]»!--y ¿cómo qué?

Yo: Tengo que poder hablar de mi educación, mis puestos anteriores, mis capacidades, y cosas por el estilo.

El ego: Claro, los antecedentes son imprescindibles--¿por qué no revisar el «Curriculum vitae»?

Yo: Tengo que saber algo de la compañía y el puesto mismo.

El ego: ¡Estupendo!--¿dónde lo conseguiría?

Yo: Paco trabaja en esa compañía--está allá hace años, le preguntaré....

Y así continúa el diálogo hasta que esté satisfecho de que haya explorado todo lo que se pueda; el proceso total no llevaría más que un minuto, un par de minutos, o quizás unos días.

TAREA DE REDACTAR 2.5: El monólogo

Como todos, tú participas en ese acto mental fácilmente sin pensar mucho en él. Si te es tan fácil, ¿por qué no hacerlo en el computador en vez de la mente? Podrás empezar con los pasos siguientes:

1. En la parte superior de la pantalla (o de una hoja de papel) escribe: «Lo que seré, haré--mi «ser cotidiano»--dentro de cinco años.»

[1]Slang: *hermano*

2. Empieza tu diálogo con una oración como «Me veré a mi mismo--» y sigue escribiendo para definir tu futuro ser cotidiano según tu parecer por un plazo de cinco minutos o hasta que se te acaben las ideas. Mándala a la impresora para que haya una muestra de tu trabajo.

3. Ahora para y mira lo que tienes en la pantalla. Entonces escribe «¿Qué será la determinante más importante para formar mi ser dentro de cinco años?» Responde a esta pregunta, escribiendo cuanto más quieras sin pensar en nada más que escribir en el computador (o en la hoja si no tienes uno).

4. Cuando las ideas vienen pausadamente, escribe otra interrogación «¿Con qué clase de personas estaré dentro de cinco años y cómo me verán? Ahora otro juego de respuestas.

5. Ahora deja que haya otra «voz» mental que participe como personaje en la pantalla. Quizás te ayude imaginar esa «voz» como un forastero que duda, el que, al decir una cosa tú en la pantalla, replica «¡a poco!» o «¡qué va!» como si no lo cree y tú tendrás que justificar lo que acabas de decirle.

6. Otra pregunta--«¿Qué será el medio ambiente en donde me hallaré dentro de cinco años y cómo me afectará?»--para estimular una serie de respuestas que serán analizadas por aquel forastero crítico.

7. Finalmente tus «voces» se terminarán y sabrás que, por ahora, «el pozo está vacío». Ahora descansa y mándalo todo a la impresora para compartirlo y compararlo luego con tu compañero de redacción.

•   SEGUNDA ETAPA: REDACTAR

La segunda etapa del proceso de redactar es escribir; es el momento para poner en orden nuestras ideas. Consiste en escribir borradores basados en ellas o en la organización de los grupos de ellas que acumulamos en nuestras listas. De dichos materiales, según nuestra disposición, haremos «una pintura hecha con palabras,» un relato de sucesos reales o imaginarios que se producen a lo largo de un tiempo determinado, presentaremos una cuestión con el deseo de *hacerla conocer y comprender a otras personas*, y, por fin, sustentaremos una opinión propia o contraria a la de alguien.

No pensemos que un escrito debe «salir» a la primera. Ello no ocurre ni en el caso de escritores consagrados, que suelen corregir y volver a redactar una y otra vez, e incluso a destruir la obra de varios días. Con mayor razón deberá hacerlo quien se inicia en el arte de redactar. No basta una somera revizaso: debe redactarse dos o más veces cada trabajo, por consiguiente se suele hablar de proceso y de pasos.

LOS PASOS DE REDACTAR

PASO UNO: ORGANIZARSE Y ESCRIBIR

Podrás empezar tu borrador categorizando tu lista de detalles por grupos comunes; verás que ellos se agruparán en piñas naturales que sugieren un esquema de tiempo, por ejemplo, las experiencias más antiguas primero hasta las más recientes. Si tus ideas, tus listas, ni tus pensamientos no sugieren una cronología, se debe organizar las ideas según temas generales; por ejemplo, la actitud estudiantil hacia la comida de la casa, comida comercial, comida étnica, y comida universitaria, etc. Esas serían categorías interinas para la lista que hicimos anteriormente. Disponte a explorar maneras diferentes de organizar la materia, acordándote, desde luego, que la forma debe tener sentido, no sólo para ti mismo sino también para tus lectores.

La realización de un escrito bueno te será más fácil si puedes usar un computador[1] y un programa de procesamiento de palabras[2] en donde escribir.

TAREA DE REDACCION 2.6: REDACTAR UN ENSAYO CON UN PROCESADOR DE PALABRAS

Si tienes un PROCESADOR DE PALABRAS (Word Processor) como parte del sistema de un computador, te sugerimos que utilices una de las cuatro opciones que siguen a continuación para escribir tu primer borrador:

[1] Se dice también--ordenador, micro-ordenador, o computadora.

[2] También se usa--tratamiento de textos, o procesamiento de palabras o de textos

Opción 1: Escribe un párrafo introductorio que claramente identifique el enfoque de tu ensayo e indique el orden o dirección que seguirá el ensayo mientras se desarrolla. El tono de este párrafo y el vocabulario que utiliza le ayudará al lector a que entienda bien el propósito del ensayo. Escribe un borrador que refleje las ideas y los hechos de este primer párrafo.

Opción 2: Quizás no estés «al tanto» todavía, así que no te conviene la Opción 1. De ser así, tome cada idea general y escribe un borrador breve para cada una de ellas, tal como si escribiera un pequeño ensayo para cada sección. Ya hecho eso, identifica la mejor organización de cada sección en el esquema del tema en cuestión. Y al fin, podrás tomar la decisión de cómo se introducirán y cómo se conectarán en una pieza mayor.

Opción 3: Esto se hace fácilmente. Sólo tienes que empezar a escribir; escribe, escribe y escribe hasta estar agotado. Esta proposición se llamará «no-sé-lo-que-pasará-pero-ya-estoy-en-el-camino.» Ya agotado, examina el borrador a ver si tiene sentido, propósito y dirección y si concuerda con tu propósito original. Mueve bloques de un lugar a otro, agrega y sustrae como te parezca apropiado hasta que tengas una versión que enfoque claramente tu tema .

Opción 4: Es posible que te guste responder a una serie de preguntas--unos guiones--que te ayuden a entender hechos y verdades. Las hemos dividido en juegos que se relacionan con los temas que haya escogido para tus escritos. Mientras respondes se irá formando el primer borrador.

PASO DOS: LOS GUIONES

Las divisiones son:
A. Guión para escribir acerca de un lugar.

B. Guión para escribir sobre un objeto.

C Guión para escribir acerca de alguien a quien tú has conocido o con quien has trabajado.

A. Guión para escribir acerca de un lugar.

Ve a ese lugar en tu imaginación. Escoge una estación particular del año y cierto día durante esa temporada. Velo, experimenta el tiempo, oye los sonidos. Haz contacto con él por unos momentos.

1. ¿Cómo te sientes al estar allí?
2. Imagínate que durante el corto espacio de cinco minutos tú has visto la historia entera de este lugar desde el principio del mundo. Brevemente relátala.
3. Imagínate que tú has sido ciego. Describe ese lugar desde **tu punto de vista.**
4. Deja que el lugar se describa.
5. ¿Cuál es la primera idea que te viene a la mente, la cual no te dejaría nunca olvidar de ese lugar?
6. ¿De qué otros sitios te recordarían ese lugar?
7. ¿En qué tiempo se siente más cómodo en ese lugar?
8. Nombra algunas cosas que nunca pasan en otros lugares diferentes.
9. Piensa en ese lugar como si lo hubieses planeado con todo detalle. Ahora descríbelo desde ese punto de vista.
10. Piensa en ese lugar como si lo descubrieses por casualidad,

B. Guión para escribir acerca de un objeto.

1. Piensa en un momento particular cuando poseías algo que apreciabas mucho. Ahora, cierra los ojos y regresa mentalmente a ese momento. Captura la realidad del objeto y la escena por unos momentos, la hora del día, la estación del año, el aire, los olores, tus sentimientos.
2. Si no hubieras visto el objeto nunca, ¿qué te atraería la vista, la atención, la primera vez que lo viste?
3. Si lo conocieras ligeramente, ¿qué te llamaría la atención?
4. Si lo conocieras mejor que cualquier otra persona y por largo tiempo, ¿qué verías tú?
5. Dínos dos o tres métodos de desmontarlo.
6. Cuenta la historia del objeto desde que haya existido.

7. Cuenta su historia durante los últimos cinco minutos.
8. Dínos cómo llegó a existir.
9. Piensa en varias maneras en que se podría usar.
10. Dínos tres maneras en que se usa actualmente.

a._____

b._____

c._____

C. Guión para escribir acerca de alguien a quien tú has conocido o con quien has trabajado.

1. ¿Qué te sugeriría la cara de esta persona «X» si no supiéramos nada más de ella?
2. ¿Qué sugeriría el cuerpo de «X» si no supiéramos nada más?
3. ¿Qué sugeriría el estilo o la manera de ser de«X»si no tuviéramos nada más en que basarnos?
4. ¿Quién desempeñaría el papel de «X» en una película acerca de la persona?
5. «X» no es una sino dos personas. Descríbelas y cómo trabajan juntas o cómo lo harían separados.
6. Si tú pasaras un año con «X»,¿dónde preferirías estar y bajo   qué circunstancias?
   ¿Cuál sería el peor lugar y las peores circunstancias?
7. Imagínate que crees que el carácter y el comportamiento humano son los resultados de imitar a unos«modelos ideales»cuando uno es niño. ¿Quién y a qué clase de personas se supone que imitaba «X»?
8. Imagínate que «X» es una persona buena. Ahora descríbela.
9. Imagínate que «X» es una persona mala.   Ahora descríbela.
10. ¿Qué podría ser una cosa que no le pasaría nunca a «X»?
    Si pasara, ¿cuál sería el resultado?

Cualquiera de estas opciones y preguntas o combinaciones de ellas deben guiarte eventualmente a tu meta: un borrador claro aunque imperfecto de la descripción final.   Este borrador puede corregirse, modificarse, refinarse, delimitarse, y perfeccionarse.

• TERCERA ETAPA: LA REVISION

Con el borrador de la segunda etapa ya redactado, habrá que averiguar lo que pasó en él. Se debe leer el primer borrador varias veces; si no es bastante conciso, puedes reunirte con los otros compañeros de clase para compartir piezas esperando que ellos te den algunas sugerencias en cuanto al tema y que te dirán si les pareció bien claro su punto de vista. En este momento, un autor busca un enfoque más agudo, un sentido de la forma u organización, y la cantidad de evidencias que lo revele en el ensayo. Lo que experimenta al re-leer el borrador determinará si habrá que someterle a grandes modificaciones--una pieza totalmente nueva usando los restos del primer borrador, una segunda redacción, o una leve revisión superficial. Todo el mundo espera que sea la última, pero la verdad es que, en la mayoría de los casos, todo borrador merece por lo menos otros dos borradores mucho menos imperfectos, uno para controlar la cuestión del vocabulario, y la de la gramática, y otro para los retoques finales.

PASO UNO: EL SEGUNDO BORRADOR

Ya hecho el primer borrador, buscaremos la exactitud de la expresión linguística por medio de los esfuerzos concentrados de una buena revisión. Esa exactitud es la que muestra con más precisión la impresión que queremos transmitir a nuestros lectores. Hay que buscar la expresión adecuada, la que mejor haga resaltar las propiedades de las cosas descritas. Para acertar bien se debe selecciónar cuidadosamente el sustantivo que nombra lo descrito así como el adjetivo o medio de expresión (metáfora, símil, o hipérbole) que lo matiza.

TEMA UNO: EL VOCABULARIO--DESCRIPTIVO
(AL NIVEL DE LA PALABRA)

Por ejemplo: algunos adjetivos que se usan para describir cosas son los siguientes:
amorfo-(shapeless), aromático-(fragrant), borroso-(blurred), brillante-(bright), bronco-(hoarse), carmesí-(crimson), cóncavo-(concave), dilatado(vast,extensive), dúctil-(malleable),

escamoso-(scaly),   esponjoso-(spongy),   estrepitoso-(noisy),
fresco-(fresh),fétido--(noxous stench),   hediondo-(stinking),
holgado-(at leisure),   lívido-(very angry),   maleable-(supple),
mate-(dull,lusterless),   muelle-(delicate),   muelle-(voluptuous),
nudoso-(knotty),   pegajoso-(sticky),   penetrante-(penetrating),
plomizo-(leaden,   lead-colored),   punzante-(pricking,sharp),
rechinante-(creaking,squeaking),   refrescante-(refreshing),
seco-(dry), sucio-(dirty), susurrante-(whispering), tornasolado-
(changeable,   iridescent),   tupido-(stuffed,   packed   tight),
vibrante-(vibrant,   vibrating).

Otros que se aplican para describir a una persona son:
inteligente-(intelligent);   ingenioso-(ingenious);
perspicaz--(sagacious, clear sighted);   reflexivo---(pensive);
sagaz------(astute, far-sighted);   sensato-(sensible,wise);
sutil-------(ingenious, sharp);   observador-(attentive);
incapaz----(inept, incompetent)

TAREA DE REDACTAR 2.7: EXPRESION CON ADJETIVOS

Podrás ahora buscar el significado de cada   adjetivo
expresado arriba y hacer una serie de listas indicando cuáles de
estos adjetivos se utilizan para expresar: (a) color; (b) forma;
(c) gusto; (ch) olor; (d) sonido; (e) textura; (f) tamaño y posición.

TEMA DOS: LA GRAMATICA: EL POR QUE

Se supone que no debemos hablar de «evitar imperfecciones
gramaticales» porque no sólo se habla de la gramática
estrechamente definida, sino también de toda la cuestión
mecánica de: la ortografía, la puntuación, y la acentuación; y
porque estas cosas son las convenciones del uso cotidiano y no
son cuestiones absolutas de la razón o del error.   Sin embargo,
nos encontraremos en lo que se titula, «La Gramática»,   porque
élla es la base de la escritura, de un ensayo. Si tú te vieras con
una forastera, se te vendría a la mente las diferencias entre la
ropa de sus amigas y la de élla mucho antes de fijarse en su
personalidad.   La única manera de impedir que alguien no vea
la superficie es de hacerla «desaparecer», así alguien llevará
ropa que tú más esperabas que llevara. La única manera de

hacer «desaparecer» la mala gramática es hacerla correcta. Una manera de hacerlo es someter el archivo de su ensayo al Comprobador de Estilo--*QUEVEDO*™--para que te lo analice. *QUEVEDO* ™ te hará un mapa de la superficie de él y en particular te mostrará los casos gramaticales donde se debe utilizar *ser* o *estar*. También te señalará los lugares donde debe haber o el modo subjuntivo o el indicativo, entre otras voces gramaticales. Al emplearlo, te darás cuenta de que tu habilidad de redactar gramaticalmente correcto, se aumentará gran manera. Mientras lo aplicas, te será una herramienta imprescindible.

Hay otro papel que podrás desempeñar. En cada ensayo que escribas, imagínate a un famoso torero esperando, en puntillas, delante del fiero toro, a ver si lo puedes dar la estocada fatal que le deje manso para toda la eternidad, para que así tú ganes el premio máximo -- dos orejas y un rabo. La gramática es como la estocada, un pequeño error y tu vida puede acabar.

Como fin de esta tesis acerca de la importancia de cuidar la gramática en tus ensayos, te ofrezco el siguiente pensamiento: «La gramática tiene un poder individual que monopoliza por completo la atención de la gente. Es tan poderosa como el sexo y el dinero. Es decir, se ignora cuando hay bastante.»

Ahora te ofrecemos un estudio de la gramática y los usos diferentes de los verbos «ser» y «estar,» los dos esenciales en una descripción.

TEMA TRES: UN ESTUDIO DE GRAMATICA-*SER Y ESTAR*

El español posee dos verbos diferentes, **ser y estar**, con un solo significado en inglés, él de *to be* . No se alternan nunca. **Ser** es un verbo intemporal, el cual es siempre definidor y durativo. **Ser** se emplea cuando se quiere hablar de características o cualidades intrínsecas. **Estar** expresa un estado momentáneo. Implica el resultado de una acción verbal cuando se junta con un participio pasado; indica el estado consiguiente del sujeto. También se usa para indicar localización o estancia. Los dos se llaman verbos atributivos, es decir, atribuyen cualidades al sujeto.

Cuando el hispano-hablante contempla la cualidad o atribución de una persona o un objeto sin que pase por su mente ninguna idea de cambio, entonces usará el verbo *ser*. El que comunica concibe esta atribución o cualidad de modo durativo, esencial, no susceptible de transformación, que sigue a través del tiempo en esta condición.

Pero si por la mente de él que habla o que escribe ha pasado la idea de que dicha cualidad o atribución no es durativa, él o ella usará el verbo **estar**. Si el autor escribe una cosa que él cree estar sujeta a una transformación o que es momentánea, empleará el verbo **estar**. Si la situación es susceptible a algún cambio, entonces la expresará con el verbo **estar**.

El criterio primordial para usar el verbo **ser** o el verbo **estar** recae en la actitud del comunicante--el que escribe o el que habla. Por tanto, es un criterio psicológico, pero vamos a sacarlo al exterior y analizarlo,desde el punto de vista pragmático.

Uso cuando el predicado es adjetivo o una frase adjetival:

Si el predicado es adjetivo, se utiliza **ser** cuando la condición o la atribución es algo considerado durativo que no cambia a través de tiempo.

Si esa condición o atribución pone el sujeto claramente en una categoría, o una clase única, se usa **ser**.

Sujeto	Verbo:	Predicado: un adjetivo que expresa
	SER	la categoría durativa del sustantivo
El perro	e s	fiel. (Es de la categoría de animales fieles.)
El hombre	e s	tuerto. (Es de los hombres con solo un ojo.)
La niña	e s	hermosa (Atribuimos la cualidad de hermosura al sujeto.)
La jefa	e s	mormona (Es de la gente de la religión de la Iglesia de Jesucristo de los Santos de los Ultimos Días.
El Duque	e s	de Alburquerque.(uso como adjetivo que describe al noble como uno que proviene de la ciudad. extremeña.

Cuando el adjetivo comenta sobre el estado o la situación del sujeto como producto de un cambio, se emplea el verbo **estar**.

Sujeto	Verbo: Estar	Predicado: Un adjetivo que comenta sobre el estado momentáneo en que se halla el sujeto
La señorita	está	pálida. (el estado momentáneo en que se encuentra el sujeto.)
El chocolate	está	frío. (la situación temporánea en que se encuentra el sujeto.)
Mi tía	está	de luto. (uso como adjetivo que expresa la condición transformada del sujeto.)

Queremos aquí abandonar la división, popular y frecuente en muchas gramáticas, entre **ser** como representante de lo permanente y **estar** como explicante de lo temporal. Nos parece mejor considerar la propensión entre la gente hispana de ver el mundo desde dos puntos de vista:

1. Lo que te parece realidad visible, aceptada, y duradera.

2. Lo que te parece producto de un cambio en esa realidad.

Realidad visible y duradera

(el ser definido)

Ser + adjetivo
Estas papayas **son** verdes
(=su color visible).

Eduardo es alto (=tiene mucha estatura).

El cuarto es nuevo (recién construído)

Cambio apreciado en esa realidad

(no forma parte del ser del sujeto)

Estar + adjetivo
Estas papayas **están** verdes
(=etapa de un cambio natural de verde a madura).

Su hija menor está alta(=más alta que las niñas de su tierna edad).

El cuarto está nuevo
(y nosotros vamos a estrenarlo).

Ese amigo suyo es aburrido (=aburre a todos).	Ese amigo suyo está aburrido (=alguien o algo lo aburrió).
El es casado (=parte de su identidad, como ser rubio).	El está casado(=dejó de ser soltero).
Mi padre es elegante (= su visible realidad).	Pero hoy, está más elegante que nunca (se ha mejorado).
La pareja es feliz (=los dos tienen una vida alegre)	La pareja está feliz (=algo los hizo así).
¡Que sí es listo! (Un fenómeno).	Ya estoy listo (En seguida salgo).
Ese color es demasiado verde (=realidad visible).	Estás verde en matemáticas. (No sabes mucho sobre la materia y puedes cambiar.)
El hombre es mortal (=algo terrenal durativa).	El hombre está mortal (=algo lo hizo emociónal).

PRACTICA-1 *SER /ESTAR*

Cambiemos las palabras en negrilla usando en su lugar o **ser** o **estar**.

<u>Modelo</u>: Este señor **siempre tiene un temperamento** triste.

<u>Este señor **es** triste.</u>

<u>Modelo</u>: Con la crisis de salud de su mujer, este señor **tiene un temperamento** triste.

Con la crisis de salud de su mujer <u>el señor **está** triste</u>.

1.   Siempre **tiene fama de** manso.

._____

2.   **Actuó como mujer** angélica, aunque sabemos que no lo
es _____

3.   Tiene pocos años, pero **tiene aspecto** maduro.
_____

4.   Dicen los japoneses que vamos a tener maremoto. El cielo
tiene color gris.
_____

5.   Corría mucho y se **puso** flaquísima.
_____

6.   Me gustan las playas de Hawaii. En mi opinión el agua
tiene una temperatura agradable todo el año.

_____

7.   ¿Siguen solteros, Quico y Luis? No, como yo, ya **tienen
calidad de** casados.
_____

8.   Consuelo, que **tenía cara** fea de verdad. Pero con ese
maquillaje,[1]hoy **parece guapa.**
_____

9.   Comía mucho, y **ahora tiene la figura de** una persona
gorda.
_____

10. Es elegante, y hoy **actua de un modo** aún más elegante
que nunca.
_____

11. Julieta **tiene una disposición** alegre.
_____

12. Ella **acaba de recibir noticias que la han puesto**
alegre.
_____

13. El aeropuerto **queda** lejos del pueblo.

_____

14. La reunión **tiene lugar** esta noche.
_____

15. Cuando uno tiene mucho dinero, todo **resulta** fácil.

_____

[1]potingues

CONTRASTE: **Ser**--voz pasiva   <contra>   **Estar**--resultado
de una acción

Otro contraste es el uso de ser en la voz pasiva y **estar** como resultado de una acción. La voz pasiva--de uso menos frecuente en español que en inglés--siempre utiliza **ser**. El resultado de una acción se expresa usando **estar** + participio con función de adjetivo. La voz pasiva occurre casi siempre en el pretérito o en el futuro. Es legítimo pero poco frecuente en el presente. Este uso de **estar** está muy relaciónado con el estudio los dos verbos + adjetivos del cuadro anterior.

Voz pasiva: **ser**	Resultado de acción: **estar**
	Hace mucho tiempo que el libro está terminado.
El libro fue terminado por otro autor.	El proyecto no estaba terminado cuando se murió el autor.
Los manuscritos fueron revisados por la esposa del autor muerto.	Me dijeron que los manuscritos no estaban revisados.
La obra fue autorizada por la esposa del autor.	La obra está autorizada.
El libro fue prohibido por la censura.	El libro está prohibido.
El soldado fue herido por el disparo.	El soldado está herido.

PRACTICA-2 *SER/ESTAR*

A.   Te damos ahora los resultados primero, a ver si puedes recombinarlos en voz pasiva con el verbo **ser**.

Modelo: La cena no estaba preparada cuando vinieron mis tías. Ellas la prepararon más tarde.

La cena fue preparada por mis tías.

1. El drama está escrito. Lo escribió Pedro Calderón de la Barca.

_____

2. La batalla está ganada. La ganaron los guerrilleros.

_____

3. El caballo está curado. Lo curó el veterinario.

_____

4. La niña está acostada. La acostó su mamá.

_____

5. Las películas están cortadas. Las cortó la censura.

_____

PRACTICA-3 *SER/ESTAR*

B. Cambiemos las oraciónes siguientes para que indiquen el resultado de una acción. (Todos los participios son irregulares.)

Modelo: Alguien rompió este vaso.   Este vaso **está roto.**

1. Lope de Vega escribió más de mil cuatrocientas comedias.

_____

2. Vosotras hicisteis la comida

_____

3. Ella puso la mesa.

_____

4. El profeta murió.

_____

5. Alguien ya dijo esta frase.

_____

El siguiente contraste es entre **ser** y **estar** con una expresión de lugar. En este caso, **ser**=«tener lugar»--una acción y **estar**= «encontrarse con». Es decir, el sentido del verbo diferencia entre el lugar donde ocurre una acción (**ser**) y el lugar donde se encuentra situado un objeto o una persona (**estar**).

Acción (Sujeto=Un Acontecimiento) Ser=tener lugar en	**Persona u objeto** (Sujeto<>Un Acontecimiento) Estar=encontrarse en
La fiesta es en el hotel.	Los invitados están en el patio.
El accidente fue en la carretera.	El camión accidentado está en la carretera.
La cena (=la actividad de cenar) será en el gran salón.	La cena (=la leche, etc.) estará en el gran salón.
La revolución (ocurrió) fue en la capital.	La revolución estuvo en la capital.
El concierto fue (tuvo lugar) en la sala	El concierto estuvo en la sala

PRACTICA-4 *SER/ESTAR*

Usemos **ser** o **estar** en lugar de las   frases verbales en negrilla.

1.   Chichicastenango **se encuentra** en Guatemala.
_____

2.   La fiesta **tendrá lugar** en la casa del Marqués.
_____

3.   La lancha **se encontrará** en el río.
_____

4.   Los animales **viven** en un campo cercado.
_____

5.   El verano próximo **me encontraré** en Mé'xico.
_____

6.   Usted va a **quedar** muy impresionado con ella.
_____

7.   Ustedes van a **quedar** bastante satisfechos con ese carro.
_____

8.   **Se halla** sola._____
9.   Los miembros de su familia **se hallan** en la ciudad.
_____

10. El examen de gramática va a **resultar** fácil si se estudia.
_____

PASO DOS: EL TERCER BORRADOR--
Un estudio de las partes

Después de re-leer el segundo borrador, y después de
dominar la cuestión gramatical, encontrarás la estructura y el
enfoque parcialmente aceptables, puedes concentrar en la
cuestión del estilo. Se verán algunos párrafos que se
vincularán mal con otros; habrá detalles que no estarán
bastante claros; la introducción y la conclusión buscan un
refuerzo para llamar la atención del lector. En otras palabras,
el contenido general funcióna bastante bien pero en este
momento las partes son más grandes que el escrito entero. Hay
que tocarle como con las herramientas del artesano, haciendo
reparaciónes donde las necesite para que funcione suavemente,
sabiendo que la carrocería está bien puesta y que todas sus
partes principales están allí. Parece que ya pronto saldrá para
mostrarse al mundo el vehículo requerido.

Todos estos pasos sugieren que una aceptable redacción no
surge de la nada. Más bien, es el resultado del tiempo, el
pensar, y varios borradores. Una vez que tú entiendas
profundamente el proceso y lo que se puede hacer dentro de él,
se sentirá más cómodo al enfrentarse con otras tareas de
redacción.

PASO TRES: BORRADOR CUATRO--Una comparación de
estilo

Ya terminados los primeros pasos, y hechas las búsquedas y
revisiones con la forma y el estilo de tus primeros borradores,
debes considerar otra forma de información, de estímulo.
Presentamos aquí una descripción hecha por Camilo José Cela,
el Nobel laureado hispano, con el cual se puede comparar tu
ensayo especialmente si describes un lugar--tu casa, por
ejemplo. Uno de sus famosos personajes novelísticos, Pascual
Duarte, describe su casa cuando era niño:

Mi casa estaba fuera del pueblo, a unos doscientos pasos
largos de las últimas de la piña.[1] Era estrecha y de un solo
piso, como correspondía a mi posición, pero como llegué a

[1]cluster

tomarle cariño, temporadas hubo en   que   hasta   me sentía orgulloso de ella.   En realidad lo único de la casa que se podía ver era la cocina, lo primero que se encontraba al entrar, siempre limpia y blanqueada con primor;[2] cierto es que el suelo era de tierra, pero tan bien pisada la tenía, con sus guijarrillos[3] haciendo dibujos, que en nada desmerecía de otras muchas en las que el dueño había echado porlan[4] por sentirse más moderno.   El hogar era amplio y despejado y alrededor de la campana teníamos un vasar[5] con lozas de adorno, con jarras con recuerdos pintados en azul, con platos con dibujos azules o naranja; algunos platos tenían una cara pintada, otros una flor, otros un nombre, otros un pescado. En las paredes teníamos varias cosas; un calendario muy bonito que representaba una joven abanicándose sobre una barca y debajo de la   cual se leía en letras que parecían de polvillo[6] de plata, «Modesto Rodríguez, Ultramarinos finos. Mérida (Badajoz)», un retrato de «Espartero»[7] con el traje de luces dado de color y tres o cuatro fotografías--unas pequeñas y otras regular[8] de no sé quién, porque siempre las vi en el mismo sitio y no se me ocurrió nunca preguntar.

Teníamos también un «reló » despertador colgado de la pared, que no es por   nada, pero siempre funcionó como Dios manda,[9] y un acerico[10]de peluche colorado,   del que estaban clavados unos bonitos alfileres con sus cabecitas de vidrio de color. El mobiliario[11]de la cocina era tan escaso como sencillo: tres sillas--una de ellas muy fina, con su respaldo y mesa de pino[12], con su cajón correspondiente, que resultaba algo baja para las sillas, pero hacía su avío.   En la cocina se

[2]beauty
[3]pebbles
[4]portland   cement
[5]embers
[6]comfortable
[7]Bullfighter
[8]in size
[09]perfectly
[10]pincushion
[11]furnishings
[12]latticed   back

estaba bien:[13] era cómoda y en el verano, como no la encendíamos, se estaba fresco sentado sobre la piedra del hogar cuando, a la caída de la tarde, abríamos las puertas de par en par; en el invierno se estaba caliente con las brasas que, a veces, cuidándolas un poco, guardaban el rescoldo[14] toda la noche. El resto de la casa no merece la pena ni describirlo, tal era su vulgaridad.

La familia de Pascual Duarte,
    eds., Harold Boudreau and John Kronik. Englewood
Cliffs, N.J.: Prentice-Hall, Inc., 1961, pp. 13-14.

PASO CUATRO: EL BORRADOR FINAL

Además de entender el proceso de la redacción, se entenderán poco a poco unos conceptos básicos que los grandes escritores saben y recuerdan mientras escriben. Antes de escribir el borrador final, mide tu ensayo con la regla de las siguientes preguntas que son muy parecidas a las que hará tu profesor durante las conferencias particulares que tiene contigo o a los comentarios escritos que aparezcan en los márgenes de tus borradores intermedios. Durante el paso de la revisión, los buenos escritores revisan para averiguar si se puede contestarlas clara y positivamente.

Preguntas Básicas:

1. ¿Qué es lo que le he prometido al lector que le puedo entregar en este ensayo?
2. ¿Es eficaz la manera en que he organizado mis sentimientos, ideas, y la evidencia en este trabajo?
3. Los detalles claves o los trozos de información, ¿los he puesto en este borrador para aumentar el entendimiento del punto clave para el lector? ¿He puesto bastantes?
4. El tema, ¿lo he limitado para el lector por medio de párrafos eficaces?

[13]one felt secure and comfortable
[14]rear guard

5. ¿Qué tan largo son las oraciónes? ¿Son de la misma extensión o varían?
6. ¿Cómo demuestro que sé el español?
7. ¿Qué tal la micro-estructura--la gramática y los elementos mecánicos?
8. ¿Qué tal la macro-estructura--la estilística y la apariencia física del ensayo?

Si las respuestas son positivas, hay una muy buena posibilidad de que tú tengas un borrador final listo para ser entregado a tus lectores. Si no se contestó todas positivamente, hay que regresar, revisar, refinar, y cambiar para que el borrador sea aceptable y exprese bien el tema elegido. No hay ciencia en producir una obra de arte que comunique exactamente lo que tú destinaba a expresar; simplemente se trata de la preparación, el cuidado, el orgullo de la calidad de tu obra, especialmente en cuanto a la cuestión gramátical.

CAPITULO 3
¿QUE TAL YO MISMO?
UN ENSAYO EXPRESIVO DE AHORA

Aquí al principio del texto, te ofrecemos tareas de redacción para que haya unidad en la materia. Más tarde, te dejaremos buscar y explorar tus propios temas. En ese momento, quizás crees que no tienes absolutamente nada para escribir con propósito. Pero nosotros creemos que sí lo tiene, porque tú eres un individuo quien ha experimentado acontecimientos sumamente interesantes. Para ayudarte a enfocarte sobre ellos y para que descubras algunos que te gusten y que nos los puedas relatar, te ofrecemos esta tarea.

• **PRIMERA ETAPA: LA INVENCION**
ANTES DE REDACTAR--Un punto de partida

TAREA DE REDACTAR 3.1: UN INVENTARIO DE INTERES PERSONAL

Contesta lo más completo posible las preguntas de, por lo menos, cinco de los seis temas siguientes. Después de escribir tus respuestas, saca dos copias a través de tu procesador de palabras y la impresora y da una de ellas a tu profesor para que tenga una copia para guardar durante el semestre entero. Esta tarea se diseñó para ayudarte a seleccionar temas que tengan sentido mientras redactas. Sabrás tú que no hay respuestas ni correctas ni incorrectas, solo tus respuestas.

1. Comunidad
   a. ¿Dónde vives?
   b. ¿Qué clase de comunidad es tu lugar natal o tu vecindad?
   c. ¿Qué te interesa o molesta en particular acerca de tu ciudad? ¿Por qué?
   ch. ¿Qué cosas o lugares en tu ciudad te gustan más?
   d. ¿Qué cosas en la ciudad te gustaría que cambiasen? ¿Por qué?

2.   Familia/Amigos/Conocidos
    a.   ¿Por qué es única tu familia?
    b.   ¿Cuál de tus parientes te interesa más?
    c.   ¿Qué costumbres pertenecen a tu familia?
        (por ejemplo, ¿hay algo especial de las fiestas de
        navidad, del año nuevo, de los cumpleaños de los
        miembros de la   familia, del carnaval, etc.)
    ch.   ¿Qué clase de animales domésticos tienes tú?
        ¿Tenías?
        ¿te gustaría tener?
    d.   ¿Cuál de tus amigas(os) te interesa más? ¿Por qué?
    e.   ¿Conoces a personas célebres, que te parezcan algo
        extrañas?
    f.   ¿Cuál de tus vecinos te parece más interesante?
3. Estudios
    a.   ¿Cuáles son tus antecedentes educativos? (Piensa en
        los cursos y las materias que has cursado y los
        profesores que te han gustado.)
    b.   ¿Qué materias (cursos) sigue actualmente? ¿Cuáles
        son tus favoritas? ¿las que no te gusten?
    c.   Si pudieras cambiar cualquier cosa en cualquier
        escuela la cual has asistido, ¿Qué cambiarías en ella?
    ch.   ¿Qué experiencias educativas informales has tenido?
        ¿Por qué te fueron educativas?

4. Empleos
    a.   ¿Qué clases de empleos has desempeñado? ¿Qué
        aspectos te interesaron más?
    b.   ¿Qué carrera piensas escoger? ¿Por qué la escogiste?

5. Tiempo Libre
    a.   ¿Qué pasatiempos te gustan más? ¿Qué es lo que
        más te atrae?
    b.   ¿Qué clase de películas, música, y libros te gustan
        más? ¿Por qué?
    c.   ¿Qué clase de vacaciones o viajes te gustan?
        Si pudieras viajar dondequiera que te guste, ¿adónde
        irías?
    ch.   ¿Qué clase de pasatiempos no educativos haces, y por
        qué?

6. Actitudes y Cuestiones o Temas
   a. ¿Has experimentado un cambio en tu actitud hacia las cosas tales como la política, la religión, la escuela, la familia, o los amigos? Si es así, ¿cuál fue el cambio y qué es lo que lo causó?
   b. ¿Qué suceso público del año pasado te interesó más? ¿Cuál te preocupó más?
   c. ¿Qué clases de cuestiones (por ejemplo, políticas, religiosas, escolares, familiares, o ecológicas) te interesan más?
   ch. ¿Serán para bien los avances tecnológicos que tú has visto? ¿Por qué?
   d. ¿Qué costumbres sociales te interesan o cuáles no merecen tu atención?

TAREA DE REDACTAR 3.2: LIBRE ESCRIBIR

Para esta tarea, debes escoger dos respuestas que tú diste en el **Inventario de Interés Personal** y escribir libremente en el computador sobre cada una, pasando no más de media hora escribiendo cada ensayo.

Ahora, ya hechos los dos trabajos, podemos contestar las siguientes preguntas:

A. ¿Qué cantidad de palabras y qué clase de información creí yo acerca de cada respuesta?

B. ¿Supe algo acerca de cada tema que no sabía antes? ¿De cuál?

C. ¿Qué clase de ensayos se basarían en cada pieza libre?

• **SEGUNDA ETAPA: REDACTAR UN ENSAYO «EXPRESIVO»**

Ya que tú has hecho la última tarea, está listo para escribir un **ensayo expresivo.** Una redacción expresiva es una en la que tú usas tus experiencias del pasado y del presente--las ya catalogadas anteriormente en el **Inventario Personal**--tu ser a través de la vida cotidiana. Es una redacción en la que exploras tus experiencias y en que defines tu ser personal.

TAREA DE REDACCION 3.3: REDACTAR
UN ENSAYO EXPRESIVO

Ahora **escribe un ensayo expresivo** en el computador **sobre tí mismo**, sobre tu «ser cotidiano», si prefieres, a base de las preguntas guiones.   Tendrás bastante materia con que redactar.

TEMA UNO: LA PERSPECTIVA--LA AUDIENCIA:
EL LECTOR

Esta vez al estar escribiendo, tú tendrás que tomar una decisión en cuanto a cómo se abarca todo en una forma entendible para tus lectores.   Hasta ahora tú no has identificado tu audiencia, un pequeño detalle omitido de las tareas previas donde te dijimos a quien te debería escribir.   Tú has llegado al momento cuando tomará la decisión en cuanto a tus lectores potenciales.   A pocas personas fuera de un(a) profesor(a) de español les gustará leer ensayos «por que sí.» Ojalá que en tu situación haya, por lo menos, un lector a quien le guste leer el tuyo--tú mismo.

Así que escribe con bastante claridad y propósito para que nadie pierda el tiempo.   Puesto que cada tema que demanda la buena redacción tiene otra persona interesada más allá del autor, el propio lector, persona findamental que no podrás olvidar. Para   ayudarte a no hacerlo, tú puedes fijarte a menudo en las preguntas siguientes:

1. ¿Tiene bastante experiencia acerca del tema el lector?
2. ¿Tendrá algún interés el lector en este mismo tema y cuál será?
3. ¿Cuáles son las edades, el oficio o la profesión, y el rango social del lector?
4. Y el género de los lectores: ¿será masculina o femenina la mayoría de ellos?
5. ¿Presumes tú tener unos lectores hostiles o simpáticos hacia el tema?
6. ¿Tendrán los lectores algún concepto erróneo en cuanto al tema?

Se pueden usar estas preguntas como base para construir en tu mente o en una hoja de **recuerdo** un bosquejo de sus lectores.   Manten este cuadro bien fijo en la mente durante todo el proceso de la Revisión y toma tus decisiones acerca de lo que se debe incluir u omitir en base a los lectores.

El concepto de la revisión es uno de los más importantes que tú puedes aprender de las tareas en este libro. Al conocer la satisfacción personal que recibes cuando entregas un escrito, una creación tuya más perfecta que cuando la empezaste, tendrás el estímulo para rehacer y reformular y perfeccionar tus ensayos. Mientras progresas en tu búsqueda de la perfección, tendrás que considerar lo siguiente mientras redactas:

PASO UNO: EL SEGUNDO BORRADOR

Mientras corriges el primer borrador, veamos si está satisfecho con el vocabulario. ¿Son bastante claros y específicos los adjetivos? ¿Son bastante claros los sustantivos? ¿Ha buscado nuevas palabras para aprender y usar en este borrador? Para evitar que pierda demasiado tiempo buscando en el diccionario, te ofrecemos la siguiente lista:

TEMA UNO: VOCABULARIO--del «INDIVIDUO»

esfuerzo-(effort)   ejemplo-(example)   anhelo--(longing)
ponerse frenético-(become frantic)   deseo-(desire)
único--(unique)   huírsele a uno-(flee from someone)
olivdársele-(forget)   caérsele-(fall down on someone)
volverse(become) hacerse-(become) alentarse-(to take courage)
ahogarse--(drown) arrepentirse de-(repent of) jactarse-(brag)
divertirse-(enjoy onesself)   matricularse-(register)
enfrentar-(face up to)   regocijar-(become excited)
fanático-(fanatic) tirano-(tyrant)   flamante-(flaming)
alto/bajo-(high/low)   delgado/grueso-(slim/thick)
flaco/gordo-(thin/fat)   tonto/sabio-(foolish/wise)
bello/feo-(beautiful/ugly) guapo/llano-(handsome/plain)
necio/inteligente-(stupid/intelligent)   petulante-(insolent)
corrido-(been around/experienced) vivir desahogadamente-
(free living) atropellado-(run over) aniñado-(childish)
pequeñez(smallness)
mayor-(major/older)

TEMA DOS: LA GRAMATICA: Adjetivos con-*Ser* y *estar*

Consideramos aquí el sentido inglés de algunos adjetivos cuando se usan o con ser o estar.   Te ofrecemos una serie de contrastes entre diferentes usos de estos :

ser	adjetivo	estar
to be green	verde	to be unripe, immature
to be clever	vivo(a)	to be alive
to be clever, smart	listo(a)	to be ready
to be decent,	decente	to be presentable, dressed
to be rich	rico(a)	to taste good
to be good	bueno(a)	to be in good health/ to taste good
to be mean	malo(a)	to be in ill health
to be unknown	desconocido(a)	to be unrecognizable
to be alert	alerto(a)	to be awake
to be a quiet person	callado(a)	to be silent

ser	adjetivo	estar
to be mercenary	interesado(a)	to be interested
to be entertaining	entretenido(a)	to be occupied
to be an amusing person	divertido(a)	to be amused
to be a boring person	aburrido(a)	to be bored
to be a sickly person	enfermo(a)	to be ill
to be a drunkard	borracho(a)	to be drunk
to be overly solicitous	empalagoso(a)	to be yucky sweet
to be a fool	tonto	to act silly

Hay ciertos adjetivos que se emplean sin falta con **ser** o con **estar** pero jamás con otro verbo.   A continuación una lista de los mismos que solo se usan con el verbo **ser**:

eterno comprometedor efímero   asombroso crónico   lícito ilícito leído contemporaneo legítimo ilegítimo conocido posible imposible sufrido

Hay ciertos adjetivos que no ocurren nunca sino con **estar**. A continuación la lista de los mismos:

ausente contento desarreglado descalzo emparentado
resignado harto lleno muerto perplejo presente satisfecho
vinculado

Otro grupo de expresiones de interés para nosotros son las idiomáticas que se utilizan solamente con el verbo **estar**.

estar de moda	to be fashionable
estar a la moda	to be dressed fashionably
estar harto de	to be fed up with
estar con ganas de (ir)	to feel like (going)
estar en lo cierto	to be on the right track or
	to be correct
estar en blanco	to have a mental blank
estar de pie	to be on foot, standing
estar de mal humor	to be in a bad mood
estar de vacaciones	to be on vacation
estar de guardia	to be on call, on duty
estar de acuerdo	to be in agreement with

TAREA DE REDACCION 3.4:   COMPROBAR UN ENSAYO EXPRESIVO

Ahora revisa el segundo borrador para ver si hay errores en el uso de *ser* o *estar*.   Si te parece demasiado trabajo repasarlo por la pantalla del ordenador, somételo a un programa comprobador como *QUEVEDO*™ y selecciona la «e» para que busque los verbos *ser* o *estar*.

PASO DOS: EL TERCER BORRADOR

TEMA UNO: AL NIVEL DEL PARRAF0--
LAS INTRODUCCIONES

Cuando tus lectores son un grupo muy variado, tú no puedes estar seguro de que se dedicarán a leer tu ensayo tanto como tu profesor de español o de historia,   tú   necesitas «ganchos»--algo para fomentar el interés del lector. Hay que usar la imaginación e introducir variedad para crear párrafos introductorios más seductivos para esta clase general de lectores. Desde luego creemos que los párrafos pueden empezarse con varias locuciones tal como la afirmación, la pregunta, la anécdota, y algunos detalles como imágenes.

TEMA DOS: LAS ESTRATEGIAS

Cada uno de los ejemplos siguientes nos sugiere una estrategia posible para crear un interés en los lectores de un ensayo hipotético sobre el tema de «Los maestros.» Fíjese cómo cada introducción sugiere un vínculo para con el lector mientras identifica el tema primordial que se desarrollará en el ensayo. Cada estrategia funciona como un puente que usa el autor para movernos desde ese tema al «cuerpo» del ensayo.

ESTRATEGIA 1 -- EMPEZANDO CON UNA PREGUNTA:

Una pregunta al principio del ensayo puede sugerir una comunicación directa entre autor y lector, ofreciendo una conexión personal con el material escrito; la pregunta también puede sugerir una contestación, proveyendo una manera rápida de llevar a los lectores hacia la discusión principal. Por ejemplo:

¿Cuántos de nosotros hemos reflexionado en la cantidad de influencias que recibimos de una materia, de la escuela misma, o de nuestros propios maestros? Quizás hemos pensado en esa idea de vez en cuando, pero el impacto real de la influencia de los maestros no me vino a la mente hasta que terminé la secundaria y pensé no poder continuar por cuatro años más en la escuela.

Ya con la secundaria a la espalda estaba listo para la libertad, pero

ESTRATEGIA 2:   EMPEZANDO CON UN CUENTO O INCIDENTE

A la mayoría de los lectores le gusta un sentido de acción o de historia. Empezar con una historieta novelesca crea un sentido de propósito y movimiento, pero el redactor debe recordar que una historia sólo para que haya una historia no basta; la historia tiene que ayudarle al lector a sentir la importancia de la idea primordial del ensayo, a comunicarle un pensamiento, un sentimiento. A continuación, te ofrecemos un fragmento que muestra el uso de un incidente para mostrarnos la importancia del mensaje a partir del primer párrafo:

Me había parado para tomar agua en la fuente fuera del aula y esperaba que terminara de beber el alumno frente de mi. Me sorprendió verlo tragar seis píldoras de diferentes colores y echar un vistazo de un lado a otro a ver si alguien te había visto. Y tal sería la suerte, que alguien sí lo vió--un maestro que acababa de salir de un aula más allá del grifo. Antes que pudiera moverse el alumno, el maestro lo agarró por el brazo y te preguntó, «¿Tienes más de esas píldoras?» El alumno, su boca todavía llena de agua, hizo gorgoteos para contestarlo, escupió todo el contenido sobre el pecho de su adversario y sobre mi y se fugó por el pasillo a todo correr. Más tarde descubrí que este incidente no fue aislado. Ser un maestro hoy en día implica, entre otras cosas, que ser experto en descubrir el abuso de las drogas entre los alumnos, y recibir chorros inesperados de agua son unos de los aspectos menos peligrosos del asunto. Aunque a los maestros no les gusta esta nueva responsabilidad, les ha sido impuesto porque.

ESTRATEGIA 3--EMPEZANDO CON UN HECHO O UN EJEMPLO
(Como la afirmación principal)

Cuidadosamente selecciona las estadísticas y los hechos para destacar la importancia de un tema y sugerir que el autor ha hecho algunas búsquedas más allá de su propia experiencia.

A muchas personas les gusta creer en lo que dice el autor o la autora. Hace diez años, muchas alumnas elegían la enseñanza como carrera. Hoy, las facultades de pedagogía procuran a toda costa animar a los alumnos y alumnas a que vengan a esa carrera. No obstante, entre cada mil quinientos estudiantes que se matriculan en las universidades, sólo un estudiante escogerá la carrera de maestro. Estos datos representan una disminución de doscientos por ciento durante los últimos diez años. Aparentemente las razones básicas de esta situación son la escasez de oportunidades de empleo y un sueldo bajo después de terminar los estudios. Ya los expertos predicen, sin embargo, que habrá una demanda urgente de más maestros para el año 1991 en adelante y que esos maestros que habrán estudiado más recibirán un sueldo mejor.

ESTRATEGIA 4--USANDO DETALLES SELECCIONADOS

(Antes de introducir la afirmación)
Algunas veces al seleccionar detalles claves la autora puede fijarle un sentimiento al lector y también sugerirle unas circunstancias. Los lectores empiezan a sentir que los detalles se les amontonan hasta que su significado les sea por fin bien claro como, por ejemplo este ensayo que sigue a continuación:

Yo escudriñaba el aula por la tarde y las sombras hacían que todo se viera lóbrego. Los vestigios de unos cuantos escritorios estaban apiñados en un rincón, las superficies hondamente razgadas con las letras de los viejos alumnos estaban cubiertas con casi dos centímetros de polvo. El piso, grandemente raído donde las sillas habían raspado sus rayos para siempre jamás en las tablas marchitadas, reveló aquí y allá una tabla rota. Unas columnas de luz salían desde abajo a través de las roturas y hacían unos diseños ilógicos en el cielo. Todavía se colgaba sobre la pizarra al frente de la sala una andrajosa bandera nacional. No era ésta el aula principal del primer año de secundaria que recordaba yo. Mientras estaba parado allí, no dejaba de pensar que de vez en cuando bajo la fuerza del progreso, se nos pierde algo que en otros tiempos nos era muy importante, porque era aquí como alumna del primer año de secundaria que descubrí que el aprender me podía ser estimulante.

TAREA DE REDACCION 3.5:   APLICA UNA ESTRATEGIA

Hay que estudiar tus notas, a tus lectores, y tus propósitos antes de tomar una decisión sobre cuál estrategia te conviene para tu propio ensayo y aplícala. Hasta este momento en el desarrollo de tu capacidad de redactar, haz un esfuerzo consciente en usar las diferentes posibilidades mencionadas anteriormente para tu párrafo de introducción. Fíjate en los primeros párrafos de los fragmentos de los maestros que leemos para ver si usan una de ellas. No importa la clase de estrategia que uses; tú debes tener siempre en mente a tus lectores y lo que a ellos les quieres comunicar y enseñar.

PASO TRES -- EL BORRADOR FINAL

Antes de entregarle este borrador final al profesor, debes someter tu ensayo al comprobador de estilo--*QUEVEDO*.™ De este modo, podrás asegurarte de que todo esté a un nivel de perfección que demuestra tu arte como escritor.

TEMA UNO: EL ESTILO--«La cuestión de la estructura»

Ahora puedes fijarte en la cuestión del estilo. Un punto de partida será la macro-estructura, y empezaremos al nivel de la oración.   Por ejemplo, ¿hay muchas oraciones largas?   Quizás son demasiado cortas.   ¿Llevas tú a tu lector hacia senderos emocio-nales inapropiados para su tema que quiere proponer? Otro punto de partida es la micro-estructura.   Tú podrás fijarte en las siguientes preguntas o dejar que *QUEVEDO* ™ te ayude a contestarlas.   Unas preguntas que *QUEVEDO* ™ puede contestar son: «Y el subjuntivo, ¿existe en tu ensayo si se requiere?»   Y los adjetivos con *ser* o *estar*, «¿llevan el verbo correcto delante?»   «¿Expresan el sentido esperado según el contexto de la oración?»   Otras preguntas de la micro-estructura son: «¿Qué tal la ortografía?» «¿Sobran algunas consonantes?» «¿Se deletrearon correctamente los adverbios?»   Tales preguntas te pueden ayudar a pensar en las cosas mecánicas que participarán en la totalidad de tu creación escrita.   Desde luego hay otras cosas para considerarse cuando se habla del estilo, pero las dejamos para otro capítulo.

TAREA DE REDACCION 3.6: COMPROBAR EL ESTILO DE UN ENSAYO EXPRESIVO

Comprueba el estilo o a mano con las preguntas siguientes o con un comprobador tal como *QUEVEDO*.™

TEMA DOS: Preguntas sumarias

Te acordarás de la última página del capítulo anterior en donde te presentamos unas preguntas básicas.   Eran para usarse al fin de la obra como última revisión.   Quizás te serán igualmente eficaces aquí mientras revisas y redactas.

1. El lector, ¿cómo lo he tenido presente durante toda la obra? ¿Dónde podría añadir o cambiar detalles, ejemplos, o hechos para mejor aumentar el interés y conocimiento del lector?

2. ¿Es eficaz el enfoque de la obra? ¿es tan claro que los lectores tienen una idea concisa de la razón del leerlo? ¿Cómo resolví el enfoque en la introducción?

3. ¿Está ordenada la información, la «materia», del ensayo? ¿Habrá confusión alguna en cuanto a la hora, el sitio, o el acontecimiento en él?   ¿Están llenos de detalles los párrafos que se relacionan con las cuestiones de la hora, el lugar o los acontecimientos claves?   Al mismo tiempo, ¿están bastante divididos para que vea el lector el desarrollo de tu pensamiento?

4. ¿He evitado de expresarme maneras vagas y generales en cuanto a los aspectos importantes del tema que se trata?

5. ¿He usado anécdotas y he escrito detalles bosquejados para hacerle conocer al lector que soy una persona humana, real, verídica y consciente?

6. ¿Se lee con facilidad este borrador?   ¿Qué tal la cuestión de la ortografía--y especialmente los acentos?   Y la gramática, ¿cometí errores?

7. ¿Puedo decir con franqueza que he invertido el tiempo necesario en esta pieza de redacción y que no hay nada más que se pueda hacer con ella?

Si tú puedes responder afirmativamente a todas estas preguntas, estás listo para entregar tu ensayo.

CAPITULO 4
EL SENTIDO DEL «YO» MISMO
DESDE EL PUNTO DE VISTA DEL PASADO

TEMA UNO: La Narración: Un modo para el pasado

Antes de empezar tu ensayo, cabe hacer una sugerencia sobre la forma que se puede usar. Para bosquejar algo en el pasado, hay que considerar la narrativa. Narrar es contar, relatar, referir lo acontecido. Narrar es, pues, relatar unos hechos, presentar acciones--verídicas o falsas--ocurridas en un tiempo y en un lugar determinado. Podrá contar los hechos ocurridos a lo largo de un tiempo y espacio--unas memorias, de manera que al encadenarse unos con otros tomen un nuevo significado. El movimiento es una de las leyes fundamentales de toda narración; en forma progresiva concatenamos unas escenas con otras hasta llegar al conocimiento de nuestro ser. Narrar es mover, desarrollar y transformar.

Sin embargo, el principio de una narración se puede hacer de muy distintas maneras. Cuando uno comienza una narración, se pregunta: ¿Qué escribo al principio? o ¿Por dónde empiezo? En este capítulo te vamos a ayudar a resolver este problema. Hay varias maneras: 1) empezar por el personaje; 2) empezar por el lugar; 3) por la impresión personal y los hechos que vamos a narrar; 4) por el tiempo; y 5) por el personaje y el lugar. A continuación te vamos a presentar ejemplos de narraciones que empiezan de todas estas maneras.

Ejemplos de narraciones--por el personaje:
«Picassín no era un gato de tejado, Picassín era un gato de tierra. Era de color de gato, leopardés, grandes ojos, grandes orejas y rabo de pincel....»
«El chinito Chi-cha-Te parecía una yema de huevo. Como era amarillo y le habían hecho un traje también amarillo, daba risa verle....»

G. Fuertes
«Cangura para todo»

65

Ejemplos de narraciones -- por el lugar:

«En una granja inmensa, habitada por toda clase de animales, que estaba situada cerca del huerto de la abuela....»
«En las afueras de mi pueblo hay una cueva impresionante, larga, estrecha, baja y oscura....»

Ejemplos de narraciones--por la impresión personal:

«Ya nunca, nunca, aunque viva años y años y sea más vieja que nadie, se me olvidará la casa de las montañas....»
Ana María Matute
Paulina

«Fue el verano más feliz de mi vida. Nunca disfruté tanto ni tuve mejores amigos....»
Fíjate cómo empieza el libro «La fantásticas aventuras del Caballito Gordo»:
«¡Fantástico!
¡Increible!
¡Qué cosa más sorprendente, más inesperada, más asombrosa!
¿Quién iba a imaginar aquello?»
J. Antonio del Cañizo

Ejemplos de narraciones -- por el tiempo:
«Aunque es bastante tarde, todavía hace sol. Es verano y en el campo hace muy buen tiempo.... La lluvia caía lenta y pesadamente. Noviembre.... Eran las cinco de la mañana, un lejano resplandor anunciaba el nuevo día....»
María Gripe
Elvis Karlsson

Ejemplos de narraciones -- por el personaje y el lugar:
«Timotea era una gata madrileña, blanca y negra, de ojos verdes y oblicuos en forma de pez. Vivía en los tejados del barrio de Lavapiés. Era inocente, tierna, traviesa, graciosa, tenía mucha imaginación....»
G. Fuertes
Cangura para todo

«Un viejecito vivía en el bosque. Se llamaba Frederik Olesson. Tenía unos noventa años y no le gustaba la gente o, al menos, eso decía. Quizás no fuera tan malo como también se decía, pero lo cierto es que prefería estar solo....»

María Gripe
La hija del espantapájaros

Cuando un estudiante piensa en su vida de hace años, le vienen memorias para narrar. Por ejemplo, un estudiante reflexiona sobre su vida anterior y empieza por un lugar y los personajes que figuraban en su recuerdo:

Imagínese un cerro bajo, todo cubierto de nieve fresca, y un ejército pequeño de niños, algunos con trineos y otros con tubos neumáticos, gritando con gozo y sorpresa mientras se deslizan y suben al cerro. Al pensar en mi vida de hace quince años, recuerdo muy claramente unas escenas así. Los inviernos en ese sitio se llenaban de días enteros en la nieve y metidos en concursos con nuestros trineos. Pasaba las horas de arriba hacia abajo con tanta rapidez que me escogieron ganador varias veces.

Los veranos también traían tardes de diversión. En aquel entonces, vivíamos en la ciudad de Yardley, estado de Pennsylvania. Yardley, con una abundancia de arboledas y bosques y un canal que pasaba cerca de nuestra casa, era un lugar excelente donde criarse. Recuerdo muy bien los días cuando, después de terminada la escuela, mi amigo y yo íbamos al monte para subirnos a un roble, construir un fortín, y pasar todo el resto de la tarde batallando cualquier enemigo imaginario que nos atacara, sin regresar a casa hasta muy tarde. Otras veces íbamos al canal con mi padre y mis hermanos donde pasábamos toda la tarde pescando. ¡Esos eran los días!

TEMA DOS: VOCABULARIO UTIL --DEL MOVIMIENTO

Mientras tú examinas el sentido de tu vida en el pasado, tú puedes presentar los hechos de ella en varios órdenes. Lo más frecuente es seguir el órden cronológico, es decir, contar lo que sucedió según el órden en que pasó. Para ayudarle al lector a seguir paso por paso el desarrollo de tu narrativa, tú puedes utilizar algunos adverbios u otras expresiones que establezcan las relaciones temporales. Algunas de ellas se presentan a continuación:

a partir de-(beginning with) después de (que), luego (de - que)-(after)

al (día, mes, año) siguiente-(the next....) durante-(during)

al + infinitivo: (al despertar; al terminar)-------(upon)

al cabo de (at the end of) en aquel entonces-(once upon a time)

al final-(finally) entonces----(then)

al mismo tiempo-(at the same time) luego--------(later)

al principio-(at the beginning) mientras--------(while)

antes de (que)-(before) por fin, finalmente----(finally)

cuando-(when)tan pronto como, en cuanto---(as soon as)

ya-ahora que (now that; already),

TAREA DE REDACTAR 4.2: LA TECNICA *DELFI*: COMPARTIR--LA REACCION DE LA COMPAÑERA

Tu profesor de redacción te asignará un compañero o una compañera de reacción. Antes de redactar el primer borrador, quizás te gustaría compartir los frutos de moverse en ciclos con él o ella. Háblale acerca de tu tema e intercambien papeles. Usando los fragmentos producidos durante los ciclos, explícale cuales son tus intenciones e ideas, cómo te parece la idea dominante y cómo la piensa desarrollar; pide que te haga un análisis de tus escritos. Las preguntas siguientes les facilitarán el intercambio de ayuda.

1. ¿Qué hace tu compañero(a) para aclarar su enfoque en el primer fragmento?

2. ¿Habla tu compañero a un lector en la segunda parte?

3. ¿Debía haber orientado al lector a un período de tiempo más estrecho o más amplio--al espacio de unos minutos, un día, unos años?

4. ¿Se podría empezar con el aspecto menos importante del tema y progresar hacia el más importante?

PASO UNO: EL PRIMER BORRADOR

Pensando en las preguntas guiones, escribe en el computador un ensayo expresivo acerca de lo que te pasaba hace cinco años. Hazlo desde tu propia perspectiva--en la primera persona--en el espacio de quinientas (500) palabras o más, para un lector desconocido. Acuérdate de que el secreto de una buena narración consiste en escoger con cuidado aquellos detalles que comuniquen mejor la impresión que dejaron los momentos vividos en quien los vivió.

PASO DOS: EL ESTILO: Formal <=> Casual y su Tono

A este nivel de redacción no te preocupes de imitar a los grandes literatos del mundo hispano. Sin embargo creemos que tú puedes crear ensayos con un nivel de lenguaje que sea apropiado a tu tema y lectores. Una carta escrita a una amiga, por ejemplo, acerca de un choque de autos será muy diferente de un informe hecho por el policia acerca del mismo acontecimiento. El elemento clave es averiguar si el estilo es apropiado para la ocasión y el tema. Tanto como se viste ropa especial y "formal" para una boda y se viste ropa diferente pero "apropiada" para un partido de tenis, así también se hace juego del lenguaje a la ocasión de redactar. Para reconocer la diferencia entre un estilo casual y uno formal, querrás leer los parrafos siguientes.

Párrafo A

--Háblame de las actitudes religiosas en tu familia, en especial las de tus padres.

--Bueno, en mi casa la religiosa es mamá. Papá no es religioso. Mamá, aunque no es beata, es la persona que por ejemplo reza y va a misa y está pendiente de todas estas cositas de la iglesia. A papá no sé explicarte.no sé si es que no te gusta o es que no te queda tiempo para ello

Pero mi papá y mi mamá fueron las personas que nos enseñaron algo que me ha quedado, y es el hecho de rezar por lo menos el Padrenuestro antes de acostarnos.--Relato de una entrevista

Párrafo B

La religión de Jesús cada vez existe menos, tanto menos cuanto más en el tiempo nos alejamos de él. En rigor, dejó de existir con la muerte del maestro, del iniciador. Lo que hoy puede entenderse por cristianismo, incluso en sus versiones más puristas, con todos los retornos que ustedes quieran a las fuentes evangélicas, debe a San Pablo, a San Agustín, a los papas de Roma, a Lutero, o por otro lado, a Moisés y a las tradiciones de Israel, tanto o más de lo que debe a Jesús. El cristianismo no es ya tanto la religión procedente «de» Jesús de Nazaret, cuanto una religión «alrededor de» Jesús, el Cristo, una religión que le constituye a él en objeto de fe y en principio de salvación.--

Alfredo Fierro, "La religión de Jesús ha muerto," *El Pais*, 24 de enero de 1982.

Sin duda te habrás dado cuenta de que el párrafo A es un ejemplar del estilo casual. Este es el lenguaje de una conversación. Por lo regular se escriben relatos de este estilo en primera persona como narrador.

El párrafo B muestra el estilo formal. Habrás notado que el pasaje no contiene conversación ni expresiones populares. Hay cierta tendencia a lo abstracto en el estilo formal y a veces se usan términos especializados.

* **<u>TERCERA ETAPA: LA REVISION</u>**

PASO UNO: EL SEGUNDO BORRADOR

Al estar corrigiendo el primer borrador, puedes fijarte en el vocabulario que usaste para ver si es bastante intenso para crear la tensión que requiere en tu narración. Otra vez te ofrecemos un conjunto léxico para ayudarte a lograr la intensidad deseada.

TEMA UNO: Vocabulario--del «SUSPENSO»

Para hacer resaltar la tensión del relato y despertar el interés del lector se pueden usar algunos de los verbos y adjetivos siguientes: saltar-(jump over) brincar-(jump) aplastar-(mash) paralizar-(paralize) estremecerse-(tremble) complicar-(complicate) rápido-(quick) repentino/inmediato-(sudden) estrepitoso-(noisy) instantáneo-(instantaneous) estupefacto-(stunned) frenético-(frenzied)ahogado-(suffocated) animado-(happy) aterrado-(terrified) horrorizado-(horrified) flamante-(bright)

TEMA DOS: LA GRAMATICA

EL PASADO: EL PRETERITO VS. EL IMPERFECTO

Al escribir una narración, presentamos una situación que contesta la pregunta, ¿Qué sucedió? Sencillamente hablamos de algo que nos ocurrió o que ha sucedido en el pasado, algo que se expresa en muchas de las lenguas del mundo usando varios tiempos verbales. En español podemos aplicar, por lo menos, cuatro para indicar nuestro punto de vista en cuanto al tiempo:

Pasado completo: Hablé con ella. Estuve hablando con ella.(pretérito indefinido)

Pasado repetido o contínuo: Hablaba con ella todos los días. Estaba hablando con ella cuando entró nuestra madre (imperfecto).

Pasado inmediato: He hablado con ella (presente perfecto).

Pasado del pasado: Había hablado con ella antes de anteayer (pluscuamperfecto).

Por lo regular, el uso de ellos está determinado de acuerdo con los siguientes factores:

El pretérito se usa si...

1. La acción avanza la narrativa en el grado más mínimo.
   Tocó la puerta. Se le abrió. Y cayó en la trampa.

2. La acción se limita en el tiempo. El plazo de tiempo es inconsecuente y no se tiene que expresarlo explícitamente en el transcurso de la oración.

   Se desveló toda la noche. Los contó mil veces.

3. La acción indica un cambio emocional, físico o mental (no la descripción de una condición o un estado).
   Se volvió loca. Conoció al teniente. Todas se alegraron al enterarse de las buenas nuevas.

El imperfecto se usa si...

1. La acción simplemente expresa la situación o bosqueja el cuadro en el que tiene lugar lo narrado.
   Eran las seis.
   Los pájaros cantaban, el sol brillaba, y Josefina esperaba a Paco.
   En Hawaii no hacía mucho frío.

2. La acción es una acción continua interrumpida por otra acción.
   Mientras estudiaba, llegó su novia.
   Comíamos cuando sonó el teléfono.

3. La acción es continua o repetida sin límite de tiempo.
   Ibamos todas las navidades a la playa.
   De niño, no hacía más que estudiar matemáticas.

4. La acción es anticipada desde un punto de vista pasado.
   Al día siguiente, iba a celebrarse otro juego.
   Como tenía que ensayar y estudiar, no había tiempo para divertirme.

Otra forma de considerarse está bajo el concepto del aspecto verbal. Se puede resumir todo lo anterior pensando en que si la acción está completa en el pasado o si la acción continúa o está incompleta en el pasado.

Consideremos la cuestión del aspecto a través del cuentito del humorista argentino, Marco Denevi, <<**El emperador de la China>>**:

Cuando el emperador de la China murió en su vasto lecho, en lo más profundo del palacio imperial, nadie se enteró. Todos estaban demasiado ocupados en obedecer sus órdenes. El único que lo supo fue el Primer Ministro, hombre ambicioso que aspiraba al trono. No dijo nada y ocultó el cadáver. Transcurrió un año de increíble prosperidad para el imperio. Hasta que, por fin, el Primer Ministro mostró al pueblo el esqueleto del emperador. -- ¿Veis?--dijo. Durante un año un muerto se sentó en el trono. Y quien realmente gobernó fui yo. Merezco ser emperador. El pueblo, complacido, lo sentó en el trono y luego lo mató, para que fuese tan perfecto como su antecesor y la prosperidad del imperio continuase.

Antología   precoz, Santiago de Chile:
Editorial Universitaria, S.A., 1973.

PRACTICA

Completa los dos párrafos siguientes usando el imperfecto o el pretérito de los verbos indicados en paréntesis. También en las líneas abajo, explica por qué escogiste tal tiempo.

Yo_____ en Nuevo México, en una pequeña ciudad que
   (nacer)
_____ cerca de una montaña que _____ muy alta.
   (estar)   (ser)
Allí _____ hasta los diez años, cuando mis padres me
   (vivir)
_____a Albuquerque. Yo no_____
   (mandar)   (querer)
ir, pero ellos me_____ que _____ necesario, porque
              (explicar)   (ser)

en Albuquerque _____ a ingresar en un colegio mucho
            (ir)
mejor que los que _____ en nuestra pequeña ciudad
            (haber)
provinciana. _____ pues, y cuando _____ allí
            (ir)   (llegar)
me _____ a_____ a mis primos, a los cuales no
    (llevar)   (conocer)
_____.
(conocer)
Recuerdo que poco después me _____ de una amiga de
                              (enamorar)
ellos, que _____tres años más que yo. Pero todo esto
            (tener)
_____ hace mucho tiempo, cuando yo _____ muy
 (ocurrir)   (saber)
poco de la vida.

Ahora explica el por qué de cada uso del pretérito o del
imperfecto arriba en las líneas en blanco abajo.

nacer-- _____
estar--_____
ser--_____
vivir--_____
mandar-- _____
querer-- _____
explicar-- _____
ser--_____
ir--_____
haber-- _____
ir--_____
llegar-- _____
llevar-- _____
conocer--_____
enamorar--_____
tener--_____
ocurrir-- _____
saber-- _____

TEMA TRES: VINCULOS PARA EL ENTENDIMIENTO-- LAS TRANSICIONES Y LAS ESTRATEGIAS PARA ELLAS

Hay unos vínculos disponibles a los autores para mantener coherente su obra--las transiciones. Estas oraciones o frases actúan como puntos de referencia para dirigir la atención del lector. Estudiemos algunas estrategias tradicionales para conectar un pensamiento a otro. Ellas te ayudarán a guiar a tu lector.

ESTRATEGIA 1: Técnicas Mecánicas y Patentes[1]

Cuando tú das direcciones, desarrollas las aclaraciones, cargas tu escrito con información difícil, varías la forma esperada, necesitarás tener cuidado en llevarle a tu lector contigo. En esos momentos, te sugerimos que uses algunas transiciones obvias. Unas llanas, que dan una señal clara. Puedes seleccionar algunas del grupo que sigue, entre las más usuales:

Función   Palabra
Semejanza: también, asímismo, además, igualmente, otrosí

Contraste: pero, no obstante, sin embargo, aún, todavía, a pesar de eso, aun, con todo, al contrario, por otra parte, en contraposición, al mismo tiempo

Añadidura: además, por otra parte, y, por añadidura, añadiendo de igual importancia, luego, después, inmediatmente después, en seguida, primero, segundo, tercero, en primer lugar, en segundo lugar, otra vez, también, además Ilustración por ejemplo, para ilustrar
Tiempo: pronto, mientras tanto, hasta entonces, en el interín después, más tarde, al principio, más temprano antes, anterior, antiguo, simultáneamente, por último, en conclusión, en fin, finalmente
Rumbo: aquí, allí, allá, más allá de, cerca de, al opuesto de, debajo de, abajo, a la izquierda, a la derecha, a lo lejos

[1]Evident

Fin: en conclusión, para resumir, en fin, en general, en conjunto

Re-manifestación: en otras palabras, en breve, en resumidas cuentas

Resultado: entonces, como resultado, por ende, por esto, por lo tanto, por consiguiente, en consecuencia, así, de este modo, por eso, en estos términos, hasta ese punto, en este caso, siendo así, a ese grado, sobre lo cual, sobre o encima de él, ella, etc.

El autor del párrafo siguiente usa dos transiciones patentes para mantenerle despierto al lector mientras lo lee.

Para citar otro ejemplo, es posible que los estudiantes tratando de expresarse por medio del computador y el ensayo sean ineptos en la redacción. Para que se mejoren en redactar, dice el maestro de redactar, «tengo que enseñarles los accidentes básicos del lenguaje--la gramática, la ortografía, y los signos de la puntuación.» **De este modo,** al poner demasiado énfasis en la gramática y la cuestión mecánica mientras ignora las ideas de los alumnos, el maestro efectivamente destruye el interés de los mismos en redactar bien. Ese interés siendo destruído, los alumnos escriben aún peor. Sobre lo cual el maestro redobla su dosis de gramática y mecánica. Los alumnos se aburren y rebelen cada vez más .

Nuestro autor no usa demasiadas transiciones. Pero conecta sus párrafos con frases patentes que ligan dos pensamientos. Algunas veces hay autores que los sobreusan. Son por la mayor parte los escritores aprendices que tienden a participar en este vicio. Por lo tanto, te sugerimos que te cuides de él. Demasiados «a pesar de eso»s, «además»es, y «en contraposiciones de» tienen casi el mismo resultado para nuestro lector que oír tocar una guitarra desafinada en una banda.

ESTRATEGIA 2: REPITIENDO PALABRAS Y FRASES CLAVES

Esta estrategia es mucho más sútil que emplear las técnicas mecánicas. Esta también te ayudará a mantener coherente tu redacción. Una de las tácticas más fáciles es la de entretejer pronombres junto al sujeto. Esta clase de repetición mantiene enfocada la atención del lector. Un autor estadounidense, Cleveland Amory, la usa en describir el comportamiento de los coyotes de América del Norte:

En tales situaciones, la única esperanza del coyote yace en su astucia. Y hay infinitas de anécdotas donde los coyotes habían engañado a los hombres. Los coyotes funcionarán en grupos, alternando su descanso y el correr para escaparse de los perros que habían sido mandados a matarlos. Se ha sabido de casos en que los coyotes han subido en automóbiles o en vagones de plataforma para así escapar los perros que les seguían. Y hasta han tenido éxito en resistir las bombas de la Fuerza Aérea. Un señor informó que una vez cuando la Fuerza Aérea comenzó a usar una guarida preferida de ellos como un lugar para ensayar a bombardear, ellos salieron por un tiempo provisional. Pronto regresaron para investigar y se dieron cuenta de que a causa del bombardeo, no había seres humanos cerca. Parecían haber tomado la decisión de quedarse. Mientras tanto, se fijaron en el horario de los bombardeos y evitaban las bombas.

ESTRATEGIA 3: LA FRASE--ENTRE PARRAFOS

Hasta ahora hemos ilustrado la transición como una manera de mantener la coherencia dentro del párrafo. Pero queremos señalar la importancia de conectar los párrafos. La estrategia común es de utilizar una palabra o una frase transicional para conectar párrafos. Habrás notado en los anteriores que usamos ilustraciones obviamente eslabonadas con los párrafos que los precedían.

El párrafo del tema de la clase de redactar empieza con *para citar otro ejemplo* el cual es una obvia frase de transición que viene de un párrafo anterior. Algunas veces los autores terminan un párrafo con una oración que introduce al siguiente. Luis Alberto Sánchez usa esta estrategia en su ensayo titulado «**Imperialismo y multinacionalismo.**»

Una de las más enfáticas afirmaciones de nuestros mentores, allá en nuestra primera juventud, fue la de que los antiguos ejércitos con que los romanos llevaban a cabo sus conquistas territoriales habían sido reemplazados por unidades menos vulnerables, más sutiles, más decisorias: los dólares americanos. La «diplomacia del dólar», según la expresión de Freeman y de Scott Nearing, dependía en gran medida al Departmento de Estado que controlaba y respaldaba su inversión y las condiciones en que ésta se hiciera. Poco a poco, en la medida en que la Segunda Guerra replantó la política mundial, aquel manejo fue haciéndose plural y, a la vez, mezclándose el empleo de la tecnología. Al comenzar la guerra fría las relaciones de dependencia con respecto al dólar habían variado sustancialmente. **E l Estado se ha visto superado por la dinámica de las empresas.**
Cuando se produjo, en la década de los 30 la guerra del Chaco, las mayores inculpaciones se lanzaron contra la Standard Oil de Nueva Jersey y la Shell Mex. Las primeras reacciones del nacionalismo chileno, en tiempos del presidente Frei tuvieron como objetivo a la ITT (Internacional Telegraph and Telephone Co.), contra a cual arremetió también el Perú. La rebelión centro-americana ha tenido como blanco a la United Fruit.

OPINIONES LATINOAMERICANAS, Oct., 1978, p. 16

TAREA DE REDACTAR 4.3: HALLANDO LOS VINCULOS

La tarea de esta sección es de **hallar las transiciones** que usa el insigne autor hispanoamericano, Julio Cortázar, en las selección a continuación. Después, en las lineas abajo, escríbelas e identifica su categoría o función.

Lectura 4.1:   Una fábula de Cortázar:

Un cronopio iba a lavarse los dientes junto a su balcón, y poseído de una grandísima alegría al ver el sol de la mañana y las hermosas nubes que corrían por el cielo, apretó enormemente el tubo de pasta dentífrica y la pasta empezó a salir como una verdadera montaña de pasta, el cronopio se encontró con que le sobraba todavía una cantidad, entonces empezó a sacudir el tubo en la ventana y los pedazos de pasta rosa caían por el balcón a la calle donde varios famas se habían reunido a comentar las novedades municipales. Los pedazos de pasta rosa caían sobre los sombreros de los famas, mientras arriba el cronopio cantaba y se frotaba los dientes lleno de contento. Los famas se indignaron ante esta inceíble inconsciencia del cronopio, y decidieron nombrar una delegación para que lo imprecara inmediatamente, con lo cual la delegación formada por tres famas subió a la casa del cronopio y lo increpó, diciéndole así: -- Cronopio, has estropeado nuestros sombreros, por lo cual tendrás que pagar.

Y después, con mucha más fuerza:

--¡¡Cronopio, no deberías derrochar así la pasta dentífrica!!

Historias de cronopios y de famas
Buenos Aires: Minotauro, 1962

Práctica:

_____

_____

_____

_____

_____

[1]rice farmers
[2]*detalles*

PASO DOS: EL BORRADOR FINAL

Después de considerar cuidadosamente la narrativa de tu vida de hace cinco años o cuando tenía ocho años, en este borrador final tú puedes refinar fácilmente tu estilo en el computador. Este paso te llevará hacia la elegancia del escribir que buscamos en todos nuestros ensayos desde ahora en adelante.

CAPITULO 5

DESDE EL PUNTO DE VISTA DEL FUTURO

Este capítulo es el último en la serie expresiva, en donde tú escribes de cosas conocidas para un lector conocido--muchas veces eres tú mismo. El ensayo expresivo sirve para descubrir el sentido de tu ser y también para comunicarlo a ese lector. Otra característica de esta clase de ensayo es la del enfoque. En el primer capítulo te sugerimos que considerases una cosa estática, un objeto, un lugar, o una persona--algo para describir. En el segundo, tú describiste una cosa viva pero todavía estática. En el tercero, añadimos otra dimensión, la de la sucesión, y consideramos tu vida en el pasado como algo dinámico. Y expresabas tu vida como una sucesión de hechos para narrar. En el actual, queremos que pronostiques tu ser a través del destino--que indiques lo que será tu vida dentro de cinco años o más. Esta vez consideras que tu lector sea alguien lejos de ti, alguien que pueda ver su vida venidera desarrollarse junto contigo.

• PRIMERA ETAPA: LA INVENCION

TEMA UNO: EL ESTILO «OTRA DIMENSION --- EL TONO»

Tú estás para redactar un ensayo--un pronóstico del futuro--en donde relatarás unos posibles sucesos de tu vida venidera. Al iniciarlo, tú escogerás, consciente o inconscientemente, una actitud emocional hacia el tema narrado: tú puedes redactar con un tono sarcástico, por ejemplo, con un tono jocoso, con un tono humorístico, o con un tono entusiasta. Al analizar a tu lector, podrá escoger un tono informal--apropiado para un amigo--o uno formal para hablar con un desconocido.

Una parte del tono es la cantidad de distancia que tú mantienes entre tú y tu lector. Si, por ejemplo, tú empleas un estilo casual que usa expresiones más bien de la lengua hablada que la escrita, el tono sería el que usarías cuando conversas, como si estuvieras charlando con un grupo de amigos. Como resultado, habría poca distancia expresada o actual entre tú y tu lector. El estilo informal también te sugiere un sentido de intimidad. En el párrafo siguiente, el estudiante con ahinco recomienda a sus compañeros de clase que dominen una lengua extranjera. Para hacer eso, emplea la segunda persona (una «tú») por todo el párrafo, comunicando la impresión que despierta la simpatía de tus lectores directamente. Dirías algo al estilo siguiente:

Si me atreviera, con todas las otras cosas siendo iguales, hablar otro idioma le alzaría a otro nivel más alto de los otros solicitantes para cualquier puesto. No crean de otra manera; una lengua extranjera es un "punto fuerte" y una clara ventaja en un mercado de escazo trabajos. Hombres de negocios, azafatas para vuelos internacionales, policías y bomberos trabajando entre ciudadanos de otra cultura, anuncios que deben promover productos en el extranjero, y científicos que deben mantenerse al tanto de la materia de su disciplina leyendo revistas--el treinta por ciento de las cuales se publican en otros idiomas. Estos son solamente unos cuantos de los muchos que hacen sus trabajos diarios más eficaces por una segunda lengua. Además, es posible que su compañía o su empresa multinacional le mande al extranjero a una de sus sucursales donde le conviene hablar una. segunda lengua.»

De vez en cuando, la distancia entre el autor y el lector es más ancha. Tal como vemos en el siguiente párrafo, una estudiante quiso explicar varios elementos de un tema biológico. Como resultado, el escrito carece de tono; no se ve ni se oye la voz del autor ni un esfuerzo para llamar la atención del lector:

La tripanosomiasis, la enfermedad que se conoce mejor por el nombre de "la enfermedad del sueño," a veces dolorosa y a veces fatal que infecta un territorio vasto de Africa Central. Transmitido por la mosca «tsetse», la enfermedad se conocía hace tiempo solo en algunos lugares aislados. Pero tan pronto como los bosques tropicales se convirtieron en los bosques mojados «savanna»--terrenos excelentes para criar mosquitos--la enfermedad se expandió por todos lados. Sobre todo, el advenimiento del colonialismo en el siglo diecinueve hubo fomentado su crecimiento; debido a que los colonos construyeron sistemas de transportes ayudaron a introducir la tripanosomiasis a muchas regiones no afectadas anteriormente. Hoy la enfermedad ataca más de diez mil personas cada año.

Tu propósito y la ocasión de tu ensayo proporcionarán en gran manera el nivel de estilo que tú escojas y la cantidad de distancia que mantendrás entre tú y tu lector. Si tú usas un estilo casual donde debes mantener la compostura mediante un estilo formal, se notará inmediatamente. Muy pronto verás que la totalidad del escrito despertará el interés del lector mientras tú y él o ella andan por los episodios paso a paso. Al incluir el estilo correcto, llegarán al mismo fin juntos, ambos habiéndose satisfecho.

La clave para establecer **el tono** se halla en el vocabulario que se utiliza (**una casa pequeña** no es lo mismo que **una casita**) y también mediante las estructuras gramaticales (el uso de **tú** para referirse **personalmente** al lector en vez de **usted**--la forma **formal**).

Para tomar la decisión en cuanto al tono de tu ensayo, tú debes hacerte las siguientes preguntas:

1. ¿Cuál es mi actitud hacia lo que pasará--la acción?
2. ¿A quién se lo escribo? y
3. ¿Qué tono propongo usar?

TEMA DOS: PRACTICAR
Práctica 5.1

Cada autor citado abajo mostrará una actitud hacia las personas que describen por medio del vocabulario que aplica. También, mediante el uso del diálogo, te presentará un tono o casual o formal. Indica cuál es la actitud y cuál el tono en los ejemplos siguientes:

A. Usted ha bajado del taxi antes de llegar a la entrada de la estación insisted y se ha librado del chófer que se obstinaba[1] en esperarlo, en en explicarle cualquier cosa; ahora va a cruzar la plaza observando a la gente, las costumbres locales de Calcuta, hasta llegar a la estación y visitarla por dentro. Esa mujer de pelo blanco y rostro hundido que duerme de espaldas junto a un poste de alumbrado, a dos metros escasos de las vías, parece muerta; desde luego no lo está,aunque debe dormir profundamente porque las moscas le andan en la cara y hasta se diría que le entran en los ojos entornados.[2] Los niños que juegan en torno, arrojándose cáscaras de mango o de papaya, trozos de materia podrida que atajan[3] con las manos o el cuerpo entre risa y carreras, no parecen inquietos por la vieja, de manera que no hay razón para detenerse más de la cuenta,...

Julio Cortázar,«Turismo aconsejable», Fragmento *Ultimo round,* México, D.F.: Siglo XXI Editores, 1974, cuarta edición.

Ahora identifica la actitud de Cortázar hacia:
el chófer--_____
_____
_____
la vieja-- _____
_____
_____
El tono---_____
_____
_____

B. La tía me miró entre bondadosa e irónica, y al fin, cediendo a la gracia que le hice, soltó el trapo,[4] con lo cual se desfiguró y puso patente la espantable anatomía de sus quijadas. Reíase[5] de tan buena gana, que besaban barba y nariz, ocultando los labios, y se le señalaban dos arrugas, o

[1]insisted on
[2]half-closed
[3]intercept
[4]reveal a secret
[5]laughed

mejor, dos zanjas hondas, y más de un docena de pliegues en mejillas y párpados; al mismo tiempo, la cabeza y el vientre se le columpiaban con las sacudidas de la risa, hasta que al fin vino la tos a interrumpir las carcajadas, y entre risas y tos, involuntariamente, la vieja me regó la cara con un rocío de saliva. Humillado y lleno de repugnancia, me dí a escape y no paré hasta el cuarto de mi madre, donde me lavé con agua y jabón, y me di a pensar en la dama del retrato.

Emilia Pardo Bazán, *Primer amor,* Fragmento
El cuento, eds. Crow y Dudley, New York:
Holt, Rinehart and Winston, 1966, p. 47.

La actitud del niño hacia su tía: _____
_____
_____
_____
_____

La actitud de Pardo Bazán hacia la tía: _____
_____
_____
_____

El tono _____
_____
_____
_____
_____

•   **SEGUNDA ETAPA: REDACTAR**

EL ULTIMO ENSAYO «EXPRESIVO»

Con la primera etapa atrás, tu conocimiento acumulado, y la comparación de los ejemplos de escritos ya hechos con tus compañeros, estás listo para redactar. Una de las cosas más amenas de este ensayo es que lo haces con una larga experiencia--la que te facilitará saber hasta donde quieres llegar. El desafío será, desde luego, de irte desde el principio hasta el fin sin perder al lector--esta vez una persona desconocida. Si quiere hacer más que una oferta autobiográfica y pobre, es posible que quieras presentarle más que una descripción.   En tal caso, considera otra vez una narración que contenga una descripción adentro presentando una situación, una complicación, y un desenlace.   Así el contenido le será interesante al lector y le llevarás contigo hasta el fin.

•   **TERCERA ETAPA: LA REVISION**

PASO UNO: EL SEGUNDO BORRADOR

Hacemos ahora un resumen del proceso de revisión que habrás seguido en los capítulos anteriores.   Puede aplicarse tanto al ensayo de tu compañero como a tu propia redacción. Con tu borrador primero cargado en tu procesador de palabras, tu podrás utilizar el proceso para revisarlo.

TEMA UNO: RESUMEN DE CONTENIDO Y ORGANIZACION

A. **Impresión   total**

1.   ¿Le ayudarán al lector a tener interés y entender todo las introducciones, transiciones y las conclusiones?

2.   ¿Qué estrategias utilizaste para establecer el tono? ¿Te valiste de ciertas formas gramaticales? ¿del vocabulario?

3.   ¿Mantuviste tú el mismo tono en toda la narración?

4.   ¿Intentaste comunicar tu actitud hacia lo narrado? Resuma esa actitud:
_____

5.   ¿Qué tal el lector? ¿cómo es?

_____

6.   ¿Ha usado el vocabulario para crear el suspense y el interés acompañante?

_____

7.   ¿Se lee con facilidad este borrador?

_____

TEMA DOS: RESUMEN de ASPECTOS ORTOGRAFICOS Y GRAMATICALES

A. Errores de ortografía

1. Busca en el diccionario las palabras dudosas que hayas encontrado al revisar el ensayo.

2. Anota las diferencias hechas en el segundo borrador

B. Los usos de *ser* y *estar*

1. ¿Ya analizaste los usos del verbo ser que se encuentran en tu redacción?
2. ¿Qué tal el verbo estar, has analizado todos tus usos?

C. El uso del pretérito o el imperfecto

Es probable que no se encuentren muchos sucesos ni con el pretérito ni con el imperfecto en un ensayo que hable del futuro. No obstante, si los hay, ¿los habrás analizado?

PASO DOS: EL TERCER BORRADOR--Revisión Gramatical

Después de revisar los aspectos gramaticales estudiados en los Apendices Uno y Dos, y en los capítulos anteriores, también vamos a revisar el tiempo futuro.

El uso del futuro

Hay cinco formas y un modo disponibles para indicar los aspectos del futuro: 1) futuro simple--perifrástico; 2) el futuro del indicativo (de necesidad); 3) el futuro hipotético; 4) el futuro perfecto; 5) el condicional; y el subjuntivo. Estas construcciones se usan para describir: un suceso anticipado como posterior a lo presente--en general lo mismo que el inglés; y para indicar posibilidad, probabilidad o incertidumbre en tiempo presente.

Si queremos indicar una sola acción en el futuro y usar una frase verbal para hacerlo, por lo regular, evitamos el futuro del indicativo y aplicamos lo que se llama la perífrasis--una pluralidad de palabras--y usamos **el futuro simple.** Lo consideramos un ejemplo porque se compone de tres partes: «**ir+a+infinitivo**». Hay mucha gente que lo usa para desplazar el futuro cuando quiere comunicar tu intención de actuar inmediatamente.

«Voy a hacerlo, venga lo que venga.»
«Lo vas a ver dentro de poco.»
«Iremos a nadar, ¡las olas serán estupendas!»

El futuro perifrástico tanto como el futuro del indicativo se emplean igual que el futuro en inglés, pero son de uso menos frecuente. El uso del **presente simple** para referirse al futuro es muy común en español y hasta se prefiere a las formas del verbo designadas específicamente del«futuro». En español no se emplea el gerundio en una situación perifrástica como en inglés.

«Las tropas salen mañana de sus cuarteles.»

«El presidente pronuncia un discurso importante el jueves.»

«Los traigo esta noche.»

«Estoy aquí mañana a las diez.»

«Vengo dentro de poco.»

Si queremos agregar a una afirmación o a una interrogación la noción de probabilidad, posibilidad, incertidumbre, o conjetura, etc., usamos el futuro, el futuro perfecto, o el condicional--como futuro hipotético--para expresarlo.

Afirmación del Hecho	+ (posibilidad)---> Posibilidad del Hecho	
El está aquí.	+ posibilidad	El estará aquí.
El ha estado aquí.	+ posibilidad	El habrá estado aquí.
Ella estaba aquí.	+ posibilidad	Ella estaría aquí.
El estuvo aquí.	+ posibilidad	El estaría aquí.
Ella había estado aquí.	+ posibilidad	Ella habría estado aquí.

ANALISIS

«Jacobo me habrá visto.»	(probabilidad)
«¿Habrán venido ya?»	(incertidumbre)
«Tus papeles estarían arriba.»	(posibilidad)
«¿Mataría el agente al prisionero?»	(incertidumbre)
«¿Quién llama? --Será el cartero.»	(conjetura)
--Será la familia Martínez Cañada.»	
--Serán Marisol y sus amigas.»	
«¿Qué hora será? --Serán las diez.»	(conjetura)

Práctica 5.2

Cambia las oraciones siguientes, para agregar la noción de posibilidad o conjetura mediante el futuro en todas sus formas, eliminando, al mismo tiempo, la expresión original de posibilidad:
1. A lo mejor ella la conoce.
2. Su compañera debe de ser la ganadora.
3. No sé si ellas pueden hacerlo o no.
4. ¿Pueden ellas estar aquí ya?
5. A lo mejor las otras invitadas han llegado.
6. Me pregunto si los vecinos lo han hecho.

EL TIEMPO CONDICIONAL (POTENCIAL)

El tiempo futuro, como dijimos arriba, describe un suceso anticipado como posterior al presente gramatical. El tiempo condicional, por otra parte, describe un suceso anticipado después del pasado gramatical. Si decimos una cosa directamente y usamos el futuro, para decir la misma cosa indirectamente en el pasado usamos el condicional.

«El tratado se firmará el año entrante.»	«Anunciaron que el tratado se firmaría el año entrante.»
«Tratarán de conseguir asientos.»	«Dijeron que tratarían de conseguir asientos.»
«Tendrás el puesto.»	«Afirmaron que tendrías el puesto.

Y para expresar conjetura en el pasado se usa el condicional:

«¿Qué hora sería cuando regresó su amante?»
«¿Sería verdad lo que ella decía?»
«¿Qué interés tendría cuando lo detuvo?»
« Ella tendría unos veintidos años cuando se casó.»

El futuro hipotético ocurre si hay una cláusula con «si» que describa una situación hipotética. Puede haber o el indicativo o el subjuntivo en la cláusula principal según el grado de probabilidad que se conecta al cumplimiento de la condición expresada. Para describir la consecuencia de dicho cumplimiento, se aplicaría o el futuro o el condicional, según el sentido esperado. El futuro describe la determinación de actuar, mientras que el condicional indica solamente la probabilidad o la contingencia.

«Si tú vas, yo iré.»
«Si tú vas, yo iría.»
«Si ella gana, ganaremos todos.»
«Si ella gana, ganaríamos todos.»

AL CONTRARIO DE LA VERDAD

Entra aquí el modo subjuntivo. Cuando la cláusula con «si» contiene el imperfecto del subjuntivo, hay que usar el condicional.

«Si yo fuera rico, iría a la luna.»

«Si ella ganara, ganaríamos todos.»

«Si tuviera tiempo, iría.»

Hay una correspondencia entre el uso del futuro con el presente del subjuntivo y el condicional con el imperfecto del subjuntivo si la cláusula principal se refiere a un presente extendido o al futuro mismo, la cláusula que sigue (que llamamos una temporal) lleva el subjuntivo.

Las cláusulas temporales vienen después de una de las siguientes conjunciones:

```
-------------------------------------------
  cuando
  mientras
  en cuanto    ___
  a medida      |
  después (de)  |
  hasta        +>  que
  luego         |
  mientras      |
  desde    _____|
-------------------------------------------
```

En las cláusulas temporales introducidas por uno de estos conectadores gramaticales, se usa el subjuntivo si la acción de la cláusula no se ha verificado todavía. El indicativo se usa cuando la acción ha ocurrido ya, suele ocurrir en el presente, o si indica una serie de sucesos, en el presente o en el pasado.

ANALISIS

INDICATIVO

Siempre empieza a trabajar cuando dan las ocho.

Mi padre siempre se queda en eltrabajo hasta que salen los otros obreros de sus oficinas.

Escucho música mientras escribo cartas.

Dejas de tomar la medicina después de que estás mejor.

Dejó de tomar la medicina puesto que estuvo mejor.

SUBJUNTIVO

Empezará a trabajar cuando den las ocho.

Mi padre se quedará en el trabajo hasta que salgan los otros obreros....

Escucharé música mientras escriba cartas.

Deja de tomar la medicina después de que estés mejor.

Se **queda** con él mientras él la **necesita**.

Me quedaré contigo mientras me **necesites**.

Se **quedaba** con él mientras él la **necesitaba**.

Se quedaría con él mientras la **necesitara**.

Corrijo las pruebas a medida que me las **entregan**.

Corregiré las pruebas a medida que me las **entreguen**.

Corregía las pruebas a medida que se las **entregaban**.

Nos informó que **corregiría** las pruebas a medida que se las **entregásemos**.

Desde que **se casó** su hija **se han** sentido muy solos.

(**Desde** no toma más que el **indicativo**.)

FUTUROS Y CONDICIONALES IRREGULARES

Si a los verbos poner, tener, valer, salir y venir--de la tercera conjugación--eliminásemos la   e y la i de sus terminaciones infinitivas, interpondríamos, al mismo tiempo, una **d** entre la última consonante de la raíz y la **r** del infinitivo:

pondré, pondría tendré, tendría   valdré, valdría,   saldré, saldría   vendré, vendría

Los verbos **haber, caber, saber, querer** y **poder**, en cambio, pierden la vocal **sin** interponer la **d**:

habré, habría;   cabré, cabría;   sabré, sabría;   querré, querría; podré, podría

Los verbos **hacer** y **decir** pierden con la vocal **e** o **i** también la consonante final de la raíz:

haré, haría;   diré, diría

PASO TRES: EL CUARTO BORRADOR

TEMA UNO: EL ESTILO «El encauce por el buen camino»

Te acordarás que, en sentido general, el estilo se refiere a la manera de escribir y de hablar de uno, no por las cualidades esenciales y permanentes del lenguaje, sino por lo accidental, variable y característico del modo particular de expresión--de formar, combinar y enlazar las frases, oraciones, cláusulas, y para expresar los conceptos.

Así diremos: estilo sencillo, estilo lacónico, ... complejo, ... grave, ... jocoso, ... cómico, ... filosófico, ... doctrinal, ... castizo, ... alegórico, ... patético, ... didáctico, etc., etc.

REGLAS DE AZORIN

Para que sepamos algo más del estilo literario, agregamos a continuación cuatro reglas relevantes y un consejo que nos recomendó el famoso autor español, José Martínez Ruiz, «Azorín», que además de escritor fue maestro de letras:

Regla Primera : «Poner una cosa después de otra y no mirar a los lados».

Comentario: Hay que redactar directamente, sin fijarse en cuestiones de posible interés para el lector; es superfluo todo lo que desvíe la marcha del pensamiento del lector. Por tanto: huir de las comas o las oraciones incisas, porque cansa la atención del lector.

Regla Segunda : «No entretenerse».

Comentario: No seas orador sino escritor. Aquéllos amplian y desenvuelven un tema con detalle y esmero. Lo que en oratoria es preciso, es inútil en la redacción.

Regla Tercera : «Si un sustantivo necesita de un adjetivo, no le carguemos con dos.»

Comentario: La existencia de sólo un adjetivo para cada sustantivo si se requiere indica la fecundidad de pensamiento; el emparejamiento la esterilidad.

Regla Cuarta: «**El mayor enemigo del estilo es la lentitud.**»

Comentario: Si escribimos lentos, nuestros lectores se desesperan; quisieran poder empujarnos para que prosigamos más rápidamente en nuestro camino hacia nuestro punto final.

Su Consejo:

«En todo este laberinto del estilo se levanta, a nuestro entender, la vocable eliminación.   Porque de **la eliminación** depende el tiempo propio de la prosa.   Y un estilo es bueno o malo, según discurra la prosa con arreglo a un tiempo o a otro. Según sea más o menos lenta o más o menos rápida.   **Fluidez y rapidez**:   éstas dos son las   condiciones esenciales del estilo, por encima de las condiciones que preceptúan las aulas y las academias: pureza y propiedad.»

TEMA DOS: TRES CLASES DE ESTILO:

Entre esos dos conceptos de la pureza y la propiedad caben diversas clasificaciones del estilo.   Por la sintaxis y la aplicación de la coma tenemos los términos: **cortado, periódico,** y **mixto.**   Por el adorno en el lenguaje tenemos las categorías: **árido, medio,** y **elegante.**

1--**Cortado**:   Cuando se compone   el ensayo de un grupo de cláusulas, oraciones o   frases sueltas o concisas,   se dice que es un estilo «cortado».   Sirve para adelantar el ritmo de la pieza.

2--**Periódico**:   Cuando, por el contrario, las cláusulas son extensas y ligadas, se dice que es «periódico».

3--**Mixto**:   Si inviertes tu redacción con una armonización de los dos anteriores desde luego el estilo se llama «mixto».

El estilo cortado se emplea mucho en la Biblia, en las obras clásicas y en las humorísticas de nuestra época.

De los clásicos, véase un ejemplo de **Baltasar Gracián**, quien usó este estilo frecuentemente:

«Vivir bien: dos cosas acaban presto con la vida, la necedad y la ruindad. Perdiéronla unos por no saberla guardar, y otros por no querer. Así como la virtud es premio de sí misma, así el vicio es castigo de sí mismo; quien vive aprisa, en la virtud nunca muere».

Menos las dos oraciones que son «mixtas», podemos observar por el fragmento siguiente otro ejemplo de estilo **«cortado»** que Francisco de Quevedo, audaz ingenio de la prosa española, escribía usando un tono festivo, jocoso y humorístico como otra dimensión del buen estilo:

«En esto entró una que parecía mujer, muy galana y llena de coronas, cetros, hoces, abarcas, chapines (zapatos con suela de corcho), tiaras, caperuzas, mitras, monteras, brocados, pellejos, seda, oro, garrotes, diamantes, serones, perlas y guijarros. Un ojo abierto y otro cerrado, y vestida y desnuda de todos colores; por un lado era moza, y por el otro era vieja; unas veces venía despacio, y otras apriesa; parecía que estaba lejos, y estaba cerca; y cuando pensé que empezaba a entrar, estaba ya en mi cabecera. Yo me quedé como hombre que le preguntan qué es cosa y cosa (fórmula de los acertijos), viendo tan extraño ajuar y tan desbaratada compostura. No me espantó; suspendióme, y no sin risa, porque bien mirado era figura donosa. Preguntéle quién era, y díjome: «La muerte».

Sueños y discursos, Aguilar, 1964, p. 472

Y desde los tiempos modernos, una **«Greguería»** de Ramón Gómez de la Serna quien nos da en ella un ejemplo de lo cortado y lo humorístico:

«Son más bellas que los balcones. Los balcones son indiscretos. No arrojan un poco a la calle. Vierten fuera la habitación. La ventana es más sagaz y más cautelosa, sobre todo las apaisadas ventanas con dos puertas de las que corresponde una a cada ojo. La ventana es como un ojo muy abierto y muy claro que nos aboca pensativamente sobre lo que es por ella. Desde las ventanas se domina más el secreto y la verdadera realidad de las cosas que pasan fuera, se las vigila mejor y más discretamente. La ventana no se deja deslumbrar por lo que ve. Recoge hondamente lo que ve. La ventana es un cuadro. El balcón es un balcón».

El estilo se clasifica también por las cualidades del lenguaje empleado. Puede ser puro, impuro (o arcaico), o neologizante. Hay bastantes muestras de lo puro--el «**castizo**»--por todos lados, por ejemplo en *El Quijote*. Puede decirse de un estilo si no es impuro, es puro, si no contiene palabras nuevas (**anglicismos**) que no aparecen en el diccionario, es mejor.

Vamos a considerar ahora un ejemplo de estilo «impuro» por el empleo de «**arcaísmos**» es decir, palabras que ya no se usan:

«No sin hartos celos, un pintor de hogaño
Vía como agora gran loa y valía
Alcanzan algunos retratos de antaño;
Y el no remedallos a mengua tenía;
Por ende, queriendo retratar un día
A cierto rico home, señor de gran cuenta,
Juzgó que lo antiguo de la vestimenta
Estimna de rancio al cuadro daría.»

Fragmento de una «**Fábula**» de Tomás de Iriarte.

Es vicio el estilo «neologizante». Se debe evitarlo.

Un ejemplo:
«**Una bella programación** presenta los programas televisados, especialmente de los mítines de los paneles de las mesas redondas donde se dan interesantes conceptuaciones».

PASO CUATRO: EL BORRADOR FINAL

Ya que tú has puesto un orden al tema que escogiste, podrás refinar facilmente tu estilo en el computador.   Sabrás ya de lo bueno de *QUEVEDO* ™ y las ventajas que te será al comprobar tu ensayo con él.   Este paso te llevará otra vez hacia la elegancia del escribir que hemos buscado en todos nuestros ensayos expresivos desde el principio.

CAPITULO 6
EL ENSAYO «TRANSITIVO»

Hablamos en la primera parte del libro del ensayo «expresivo» y sus dos categorías, «la descripción» y «la narración.» En la última parte introduciremos el ensayo «transitivo», el que a veces tiene el nombre «transaccional» debido a la teoría psicológica de Freud. Los escritores del mundo usan el ensayo «transitivo» para llevar a cabo las tareas cotidianas. Es una forma que demanda otras cosas del escritor aparte de las que experimentamos al hacer una descripción o una narración. Esencialmente, esta clase de ensayo tiende a realizar uno de los tres propósitos siguientes: (1) transmite información a un lector diciéndole algo que el autor cree que debe saber; (2) debate un punto de vista o intenta persuadir al lector de algo; o (3) informa sobre una investigación hecha por el autor para aclarar un tema presentado en tal forma que le será de uso al lector. El ensayo «expresivo» tiene un centro de gravedad que se manifiesta alrededor del escritor. El ensayo «transitivo» no gira alrededor del autor sino alrededor del lector. Así, nuestra tarea será no tanto el descubrir el sentido de un tema para nosotros mismos sino también el aclarar ese tema a un lector.

Para escribir un ensayo «transitivo» escribiremos como si quisiéramos hacer una transacción. Empleamos palabras que ayudan a los lectores a formular conceptos, ideas, y pensamientos, y el producto final contendrá información que queremos comunicarles. Pero este contraste entre nuestro conocimiento y la falta del mismo en el lector, lo cual es implícito en el significado de «comunicar», funciona sólo mientras nos referimos a un producto final. Después de haber pasado por las tres etapas del proceso de redactar, debemos tener suficiente información que no tienen los lectores, y así podemos pensar en las palabras que aparecen en la pantalla o puestas en la hoja como un vehículo a través del cual podemos transmitir o comunicarles esta información a ellos.

Pero, no debemos dejarnos moldear por el hecho de que el ensayo «transitivo» es sólo un modelo orientado a comunicar mensajes. Más bien, nos debemos preguntar cómo llegamos a saber algo que los lectores no saben. Seguramente, no debemos aceptar fácilmente las respuestas que escuchamos o leemos de tal información. Si sencillamente entregamos lo que escuchamos, estamos transcribiendo, no redactando. Si presentamos alguna información que hayamos leído, ¿por qué no dirigirlos a la fuente en donde hallamos tal información?

No, no sólo comunicamos información, sino entramos en el proceso por el cual descubrimos y comunicamos estos conceptos, estas ideas, y estos pensamientos. Pero, ¿cómo?

• **PRIMERA ETAPA--LA INVENCION**

PASO UNO--DESCUBRIENDO EL SENTIDO «TRANSITIVO»

Una vez que tomamos la decisión de redactar un ensayo transitivo, sabremos bastante en cuanto a la forma del ensayo que redactaremos. Por ejemplo, al decidir de relatar una historia, podemos crear una estructura basada en el tiempo. Podemos escoger no relatar los acontecimientos en el mismo orden cronológico en que ocurrieron, pero debemos usar la cronología como el vínculo para eslabonar las partes del ensayo. Asimismo, la estructura descriptiva se basa en los vínculos-- literales o figurados.

En el ejemplo que te ofrecemos puedes apreciar cómo sobre un mismo tema puedes hacer distintos tipos de composiciones. Este capítulo te servirá como guía hacia el aprendizaje de cómo pensar acerca de un tema. Se puede, por ejemplo, escribir de un anciano desde el punto de vista de la meta que tengamos. Si nuestro propósito es la de describir, se hace una descripción. Si nuestro lector necesita entender algo más de este individuo desde el punto de vista de sus actividades a través del tiempo, narramos. Si queremos proponer nuestra opinión sobre nuestro amigo viejo, entonces escribimos un exposición

EL ANCIANO

Descripción	Narración	Exposición
El anciano tiene el pelo balnco, la tez curtida y rugosa, la nariz encorvada; pero sus ojos azules y hundidos aún conservan su brillo y resultan expresivos y hermosos.	lEl anciano se levantó ltorpemente y, apoyado len su bastón, se acercó la la biblioteca. Cogió lun libro de poemas ly volvió a sentarse len su sillón. Avivó llas ascuas de la lchimenea y empezó la leer. Su imaginación lvoló surcando el ltiempo...	lLos ancianos me lconmueven. Creo lque son un gran ldepósito de vida, lde experiencia, lde sabiduría. El lhaber pasado lpor todo, el no ltener ya grandes lexigencias ni lnecesidades y el lpoder saborear lel tiempo libre lles da una lserenidad y un lequilibrio que ladmiro. Todo llos ancianos del lmundo son ldignos de respe- lto y veneración.

Como ves, los vínculos de los ensayos *transitivos* no son tan sencillos como los de la «narración» o de la «descripción». En los ensayos *transitivos*, usamos el razonamiento para explicar a una persona o una cosa.

TEMA UNO: LAS ESTRUCTURAS TRANSITIVAS

Hay seis diferentes estructuras transitivas que se basan en una o dos de las estrategias para organizar nuestras redacciones. Ellas son:

1. La definición   (basada en La asociación)
2. El análisis causal   (basado en la secuencia y)
3. El proceso   (basado en La secuencia)
4. La comparación y el contraste   (basado en La asociación y La disociación)
5. La clasificación   (basada en La asociación)
6. La argumentación   (basada en todas)

Tú podrás usar cada una de estas estructuras como algo para diseñar tu tema y para ayudarle a descubrir y crear un orden en ese tema. Estas estructuras no son propósitos en si. Pocas veces tú escribes un ensayo que es totalmente una comparación y un contraste, o una clasificación, o un análisis causal; en cambio, estas estructuras hacen juego y funcionan juntas de modo que puedes usar más de una en un solo ensayo expositorio. Mientras tanto, una de ellas será la forma organizadora para tus redacciones. Así que las estructuras no son propósitos; son recursos, diseños organizadores para poner orden a un tema.

TEMA DOS: LAS PERSPECTIVAS TRANSITIVAS

Para poder explorar hondamente un tema por medio de un ensayo, a menudo tendrá que cambiarse de perspectiva acerca de ese tema; es decir, tendrá que considerar más de una faceta única de tal tema para descubrir lo primordial en él. Al buscar los puntos más importantes del tema, te encontrarás con muchos tanteos y errores antes de descubrir lo que te gustaría decir. Es posible que te ayude el considerar esta búsqueda como si fuera en alguna forma el solucionar un rompecabezas.[1] Al tratar de resolverlo, se encontrará con una mezcla de piezas de las cuales hay que crear un cuadro. La mayoría de las veces, se resuelve juntando las piezas semejantes (por ejemplo las de los bordes que colindan con las otras de un lado recto, o agrupando las del mismo color), separando las piezas o grupos de piezas que sean disímiles, y entonces construyendo unidades de piezas cada vez más grandes hasta que se te presente el cuadro.

Quizás sea útil para la redacción esta misma estrategia. Ojalá veas las tareas de redacción como una mezcla de pedazos de información, un rompecabezas listo para que tú lo resuelvas. Como has visto, durante la primera etapa, la **invención/antes de redactar**, tú creas muchas de las piezas o grupos de piezas que se usarán más tarde para crear el sentido total de la redacción final. En las etapas de **redactar** y **revisar**, al ver como se relacionan las piezas las unas con las otras, tú las juntarás hasta que obtengas un diseño entendible.

[1] jig-saw puzzle

Antes de escribir un ensayo transitivo, antes de usar estas estrategias,   antes de juntar piezas, hay que tener, sin embargo, alguna clase de información--una materia, un tema--con que trabajar. En la primera etapa del proceso de la redacción, **la invención** para ayudarle a crear este material, podrá hacerse una serie de preguntas como las que siguen. Estas preguntas pueden ayudarte a explorar un tema para ayudarle a   cambiar la perspectiva que tiene de él, y sus respuestas pueden ayudarle a ver las relaciones que hay entre, y a través de, los varios elementos del tema.

TEMA TRES: LAS ESTRATEGIAS PARA PENSAR Y ESCRIBIR UN ENSAYO TRANSITIVO--

UNA INQUISICION

Las siguientes **preguntas guiones** se derivan de los procesos básicos por medio de los cuales pensamos; es decir, se basan en los principios de asociación, disociación, y orden de sucesión. Las varias preguntas se agrupan en conjuntos; la pregunta principal de cada grupo representa el pensamiento principal del cual se deriva el conjunto total. Puesto que estas preguntas se derivan de los principios de la razón, pueden proveernos de una manera para explorar un tema a través de varias perspectivas. Como hemos dicho, es posible que el pensar en un tema te ayude a descubrir, a través de más de una perspectiva, el sentido que no había comprendido antes por haber sido investigado desde un solo punto de vista.

De ningún modo son estas preguntas guiones totalmente inclusivas; más bién, entendemos que ilustran las varias clases de preguntas que se pueden hacer mientras se explora un tema dado. Cuando tú entiendes los principios en los que las preguntas se basan, podrás trasladarte más allá de ellas y crear sus propias preguntas. Verás que en ellas, la «X» representa lo que se explora.

LAS PREGUNTAS GUIONES DEL RACIOCINEAR

1. ¿Qué es lo que siempre va con «X»? (La asociación)

   a. ¿Qué es «X»?
   b. ¿Qué entidades físicas van con «X»?
   c. ¿Qué asociamos con «X»?
   ch ¿Qué se ha dicho acerca de «X»?
   d. ¿Qué se ha escrito acerca de «X»?
   e. ¿En qué contexto se coloca «X»?
   f. ¿En qué es semejante «X» con otras cosas?
   g. ¿En qué categoría se coloca «X»?

2. ¿Qué opone «X»? (La disociación)

   a. ¿Qué entidades físicas se oponen a «X»?
   b. ¿Hay oposición teórica o filosófica hacia «X»?
   c. ¿Qué se ha escrito o se ha dicho en contra de «X»?
   ch. ¿Cómo se destaca «X» en su propio contexto?
   d. ¿En qué se diferencia «X» de otras cosas semejantes?

3. ¿Qué sigue «X» o qué sale de «X»? (La secuencia)

   a. ¿Qué sigue «X» cronológicamente?
   b. ¿Cómo vino a crearse «X»?
   c. ¿Cuáles son las causas de «X»?
   ch. ¿Cuáles son los resultados de «X»?
   d. ¿Cuáles son los problemas que ocasiona «X»?
      Y ¿cuáles son las soluciones a ellos?
   e. ¿Qué oportunidades ofrece «X»?
   f. ¿Cuáles son las implicaciones de «X»?
   g. ¿Es bueno «X»? ¿Malo? ¿Deseable?   ¿Indeseable?
      ¿Necesario?

Para darte algo de experiencia en usar *Las Estrategias* para escribir un ensayo transitivo--Las del *Raciocinear*, en este capítulo te ofrecemos unos párrafos de amplifación del sentido de la asociación.   Trataremos la disociación y el orden de sucesión en el Capítulo 7.

PASO DOS: COMO USAR LAS PREGUNTAS GUIONES

TEMA UNO: DEFINIR A TRAVES DE LA ASOCIACION

La asociación nos permite atribuir a las cosas, los rasgos y las características. Por ejemplo, un coche económico y uno deportivo tienen ciertos rasgos y ciertas características. Los dos coches tienen en común algunos de estos rasgos--por ejemplo, tamaño (ambos son pequeños) y en comodidad (ni el uno ni el otro tiene asientos lujosos). No son iguales en cuanto a otros rasgos--por ejemplo, gasto de combustible, tamaño del motor, y funcionamiento. Al registrar tales rasgos, definimos el objeto al cual atribuimos esas características. Considere la siguiente **definición** de lo que se propone como el centro de Hispanoamérica por el filósofo español, Julián Marías.

Lo que más hondamente unifica a Hispanoamérica es su referencia a España. No se piense en nada vago ni alambicado. Ante todo, la lengua. Y no sólo porque los hispano americanos hablan en español y en él se entienden, sino por algo más radical: porque la lengua va ligada a una sociedad, y es el español el que impone automáticamente toda una serie de estructuras comunes en países por lo demás muy diversos...Pues bien, quieran o no, los americanos se encuentran ya desde luego vinculados a uno de esos modos: el español, el portugués o el inglés, y desde esa perspectiva y no otra se les presenta la realidad histórica de Europa.

Pero sobre todo, España tiene que desempeñar una función delicada y esencial respecto a la América española: tiene que ser su **plaza mayor**. ¿Qué quiere decir esto? Una plaza es un centro de convivencia: comprar y vender, murmurar, admirar, envidiar, conversar. Es el órgano de la presencia mutua. Los españoles, tan urbanos, fueron llenando América, desde muy pronto, de «plazas mayores» a semejanza de las castellanas, extremeñas, andaluzas. Esta es quizá, la más grande diferencia entre las dos Américas, al menos en lo que se refiere a la morfología de las poblaciones. Pero Hispano-américa no tiene un lugar de presencia común, es decir, no tiene una plaza. Y la única posible es España. Esta es la función capital, en mi opinión, que puede ejercer España respecto a los países de su linaje: ser la Plaza Mayor de Hispanoamérica....

España podría ser el «lugar» en que Hispanoamérica se encontraría a sí misma, en que sería **una**; allí, pues, existiría con propiedad una realidad hispanoamericana. Los americanos se harían presentes unos a otros en el viejo solar común; allí harían sus pruebas, se medirían, competirían; en esa plaza se celebraría el permanente certamen de los pueblos jóvenes, que encontrarían una mayor densidad, crítica, normas....

En cambio, España encontraría la responsabilidad del padre de familia, la gravedad del crédito que se recibe. Tendría que evitar la frivolidad y el provincianismo. Esa función delicada obligaría a los españoles a trascender de todo lo casero y articularse con otros horizontes. Es decir, si España fuese la Plaza Mayor de la América española, las dos serían más.

«Plaza Mayor», de **«Ensayos de convivencia»**, en *El ensayo español del siglo veinte*, ed., Donald W. Blesnick, New York: The Ronald Press Company, 1964, pp. 217-19. (Adaptado)

Marías define metafóricamente a España como «un lugar de presencia común»--una plaza. Aunque nos da una metáfora directa, Marías también usa asociaciones para explicar el sentido que quiere que captemos por ella. Define a España como padre de familia, un centro de convivencia, o un órgano de la presencia mutua, unos ejemplos, que mejor ilustran lo que a él le parece que mejor manifiesta los rasgos primordiales de los dos lugares geográficos.

TAREA DE REDACTAR 6.1:   **Analizar con las preguntas guiones de la asociación**

Después de contestar las siguientes preguntas, podrá ayudarte a identificar lo que Marías asocia con su tema, «La Plaza Mayor» (lo que equivale a «X»).
¿Qué es «X»?

¿Qué entidades físicas van con «X»?

¿Qué asociamos con «X»?

¿Qué se ha dicho acerca de «X»?

¿Qué se ha escrito acerca de «X»?

¿En qué categoría se coloca «X»?

¿En qué es semejante «X» con otras cosas?

TEMA DOS: DISTRIBUCION EN GRUPOS A TRAVES DE LA ASOCIACION
La asociación nos ayuda también a seleccionar o clasificar las cosas; es decir, mediante la asociación podemos ver cómo las cosas son de una clase particular o cómo ellas pueden agruparse con cosas semejantes. Piense, por ejemplo, como los estudiantes universitarios son distribuidos o clasificados en grupos--los de primer año, de segundo año, etc.; mujeres u hombres; estudiantes de bachillerato o graduados; estudiantes que viven en las residencias universitarias o los que viven en el pueblo fuera de la ciudad universitaria; naturales del estado, forasteros; los que siguen ciertas carreras; etc.

TEMA TRES: LA COMPARACION A TRAVES DE
LA ASOCIACION: DOS EJEMPLOS

La asociación nos lleva también a las comparaciones. A veces, comparamos atributos esenciales de objetos físicos. Cuando, por ejemplo, estamos de compras y buscamos las mejores gangas y las rebajas o buscamos el coche conveniente para nuestras necesidades, comparamos las cualidades (por medio de los términos de precio y calidad) de un producto con las de otro producto. En otras ocasiones, aplicamos la asociación para ayudar a hacer lo desconocido menos desconocido o para convertir algo desconocido en algo conocido para nosotros.

Al hablar de lo fácil que es hacer una tarea, diríamos, «Es tan fácil como el huevo de Colón.» Este dicho hispano proviene del mito que fue popularizado por Washington Irving, famoso escritor americano. Dicen que Irving relató una historia en que el almirante hizo un desafío a los sabios incrédulos para probar su tesis de la redondez de la tierra. Dijo él que si la tierra fuera llana como ellos decían, ellos, los sabios, podrían balancear un huevo en su punta. Si Colón lo podría hacer, fue probada su tesis. Todos ellos fallaron, pero él acertó. Fácilmente aplastó el huevo en su punta, y quedó «¡balanceado!»
Tal sería la comparación que usáramos si quisiéramos describir lo severo que es un sitio específico desconocido por otro. Si lo describiéramos a uno quien no ha estado allí nunca, diríamos quizás, «Ese desierto es tan desolado como la superficie de la luna.»

En el ensayo que sigue a continuación, el ensayista Enrique Tierno Galván usa **la asociación**, comparando el relato con la relación, para clarificar y definir las dos manifestaciones literarias.
No parece que fuera del todo desacertado definir el relato como la descripción de hechos y acontecimientos que se explican según un argumento. Nos permite este intento de definición separar relato de relación. Quedaría para esta última el simple enumerar sin argumento, inducido o inventado. Las múltiples, infinitas, relaciones históricas de que dispone nuestra historia moderna, aunque sean con

frecuencia ambiguas en cuanto al grado de compromiso del autor con los hechos, tienen de común cierto empeño de neutralidad que deja libre el propio discurrir de los acontecimientos. En otras palabras, el autor de **la relación** tiende a ser un mero narrador de hechos que depone la responsabilidad personal incluso en cuanto al narrador, lo que lleva consigo dos conclusiones; una, que rehuye la metáfora, ya que la metáfora suele encerrar una apreciación que desborda el límite de los hechos, y otra, la elusión sistemática de los juicios de valor, que implican necesariamente una posición personal de negación o aceptación.

De este modo, **la relación** tiende a ser un **relato** con pocas o ninguna metáforas ni juicios personales de valor, en tanto que el relato es una relación en la que abundan los giros metafóricos y la opinión del autor, acerca de los hechos que considera buenos y aquellos que reputa malos.   Ocúltase detrás de esta diferencia cierta peculiar actitud del relato respecto de la obra narrativa, en cuanto supone intuición y esfuerzo por expresar los hechos elaboradamente,   según un modo que pretende crear la dependencia del lector al texto por el imperio del modo.

Por el contrario, el autor de **la relación**, empleando un galicismo[1] que ya es moneda corriente entre nosotros, no tiene «voluntad de estilo»; enumera, y de la propia presentación de los hechos nace la descripción y el argumento.   Sin embargo, quien escribe **un relato** tiende a convertir los hechos, reales o inventados, en literatura, con las consecuencias que respecto del lector esto supone, pues **la relación** informa, mientras **el relato** implica y seduce....

En nuestro tiempo, si el lector me permite que salte la predisposición de los ilustrados por la relación y la inequívoca y profunda de los románticos por el **relato**, parece que vacilamos entre uno y otro de los dos modos básicos de «contar» lo que ocurre o imaginamos qué ocurre. La **relación** se aviene bien con la indiferencia, desesperanza, egoísmo y despego de algunos modernos, que

[1]Dicho Francés

no abundan en lo escueto[2] y enumerativo porque así lo aconseje la razón, sino por mantenerse aparte merced incluso a la tiesura[3] del estilo. El **relato**, por el contrario, permite la incursión metafórica, un rebozo, en la realidad y el realce de las intenciones y pensamientos por la pesquisición de las actitudes. Sin embargo, en la dificilísima mixtura propia de las transiciones, al contrario de lo que pudiera parecer, el **relato-relación** no es frecuente, quizá por su grande dificultad de estilo. Sentimos el peso de los grandes maestros de este cuasi género--Stevenson, por ejemplo, pero son pocos los escritores que hacen un gran esfuerzo por relatar relacionando, salvando siempre el caso excepcional, como la *Crónica de una muerte anunciada*, de García Márquez, magnífico ejemplo del **relato-relación**.

EL PAIS, lunes 27 de agosto de 1984, p. 10. (Adaptado)

TAREA DE REDACCION 6.2: Analizar con la asociación

Usa las siguientes preguntas para identificar lo que asocia Tierno Galván con **la relación** y lo que asocia con **el relato**; cuando asocia **la relación** con «X» y cuando la asocia con **el relato**.

¿Qué es «X»?

_____(la relación-1)

_____(el relato---2)

¿Qué entidades físicas van con«X>

_____(1)

_____(2)

¿Qué asociamos con «X»?

_____(1)

_____(2)

¿Qué se ha dicho acerca de «X»?

_____(1)

_____(2)

---

[2]Solitary
[3]Rigidity

¿Qué se ha escrito acerca de «X»?
_____(1)
_____(2)

¿En qué categoría se coloca «X»?
_____(1)
_____(2)

¿En qué es semejante «X» a otras cosas?
_____(1)
_____(1)
_____(2)
_____(2)

La materia abajo en PASO TRES te ayudará a escribir un ensayo transitivo que tenga un verdadero mensaje que comunica.

PASO TRES: ESCOGER UN TEMA

Para empezar a escribir, el primer paso es él de escoger un tema particular que te guste, que sea general--una amplia categoría entre los temas que sean de interés tanto para ti como para tus lectores--y sobre el cual tú sabes lo suficiente para desarrollarlo mediante la exposición en una forma completa e inteligente.

Para ayudarte a seguir adelante, te proveemos una **lista de temas** y te pedimos que los califiques según las tres frases a continuación:

A.   Sé algo pero no mucho.

B.   Esto me interesa bastante--me gustaría saber más.

C.   No tengo ningún interés.

___1.	la representación	___40. la cerámica
___2.	la acupuntura	___41. la química
___3.	la propaganda	___42. el ajedrez
___4.	el entrenamiento de los animales	___43. la pesca a través del hielo
___5.	las reliquias	___44. las tiras cómicas
___6.	la arqueología	___45. las computadoras
___7.	la arquería	___46. la cocina
___8.	a astrología	___47. el buceo hondo, científico
___9.	la astronomía	___48. las carreras de motos
___10.	el hacer camping	___49. la electrónica
___11	el baile	___50.el encaje de hilo
___12	el béisbol	___51.el ahorro de la energía
___13	el biciclismo	___52. la halconería, la cetrería
___14	las cámaras	___53. la genealogía
___15	navegar con viento	___54. la moda
___16	las canoas	___55. el cine
___17	los cohetes	___56. el planear
___18	la carpintería	___57. el futbol
___19	los insectos	___58. el licor ilegal
___ 20.	los funerales	___59. la cinematografía
___21.	los jardines	___60. los parques nacionales
___22.	las notas	___61. los matrimonios
___23.	la gimnasía	___62. correr olas (el surfing)
___24.	el cortar pelo	___63. el origamí
___25.	planear con ultra-ligeros	__64. los pasteles
___26.	el helado	___65. el dibujo a tinta
___27.	el hipódromo	___66. el tocar un instrumento
___28.	las corridas	___67. la poesía
___29.	la gracia (el humor)	___68. la política
___30.	la caza	___69. el buceo
___31.	la música popular	___70. la numismática
___32.	la botánica	___71. el prejuicio
___33.	las representaciones	___72. la titerería
___34.	el trotar (jogging)	___73. la prestidigitación
___35.	el periodísmo	___74. el acolchar
___36.	el karate	___75. los ferrocarriles
___37.	el papalote, volantín	___76. el biciclismo
___38.	el coleccionar(?)	___77. el alpinismo
___39.	la navegación	___78. submarinismo (la SCUBA)

PASO CUATRO: EL LIBRE ESCRIBIR

TAREA DE REDACTAR   6.3: Crear una síntesis

Utiliza un procesador de palabras en tu laboratorio de computadores para identificar qué clase de información conviene presentar a tus lectores sobre el tema que acabas de escoger. Siempre puedes aplicar cuántas preguntas de la asociación que te parezcan adecuadas para escribir sobre ese tema. Y para ayudarte a empezar, repetimos una de las técnicas de libre escribir de un capítulos anterior.

TECNICA 1ª --EL MOVERSE EN CICLOS

Repetimos esta técnica de libre escribir que introdujimos en el Capítulo Dos. Ahora si te gusta, tú puedes pensar en uno de los tres puntos de vista y escribir libremente hasta que halles como sacar de tu memoria todas las pequeñas piezas de información y los detalles semi-olvidados que te ayuden a escribir del tema que hayas escogido. El proceso en general te ayudará a descubrir algo fijo, algo concentrado--un **centro** o un **imán** que te ayudará a enfocar tus pensamientos hacia un ensayo transitivo. Al completar cada ciclo conviene **hacer una oración de resumen.** En ésta tú tendrás **un centro de gravedad** que atraerá todo pensamiento en el párrafo hacia un enfoque.

A. Primero, escoge un punto de vista y escribe durante **un plazo de cinco minutos,** ¡sin parar! Si te pierdes el hilo del pensamiento, no importa, sigue escribiendo en torno a lo que te viene a la mente pero regresa al tema de la pregunta guión lo más pronto posible; no te fijes en nada mecánico, ni en la gramática, ni en la ortografía; solo **escribe en el procesador de palabras lo más rápido que puedas.** Ahora mándalo a la impresora para que haya un documento que redactar.

B. Ahora, durante un **ciclo de diez minutos,** emplea el mismo procedimiento del primer ciclo, pero esta vez empieza con la oración **imán** del último párrafo como punto de partida. **Escribe** en el teclado del computador o en un papel. Si te desvías del tema, regresa al centro de gravedad y sigue escribiendo. **Al cabo de diez minutos, resume el párrafo en una oración** e imprime este fragmento para usarlo más tarde.

PASO CINCO: EL LECTOR

Una vez que hayas identificado algo, por lo menos de una categoría general, lo que tú crees que se pueda desarrollar en un ensayo, tendrás que apartar unos cuantos minutos para identificar el propósito y al lector. Te acordarás de que en el capítulo dos hablamos del lector y de su importancia. Y ese lector, se lo dimos a ti. Ahora, tú tendrás que definir tu propio lector y tomar las decisiones en cuanto a lo que se hace para estimular su interés. Las preguntas claves te son en este momento: ¿Qué quieres conseguir con esta pieza? y ¿para quién lo quieres conseguir?

El análisis del lector puede ser una cosa muy compleja y puedes gastar muchísimo tiempo en él, especialmente si quieres para confeccionar un producto nuevo. Los publicistas, por ejemplo, gastan grandes cantidades de dinero para pagar a los analistas que hagan búsqueda acerca de quiénes podrían ser los clientes esperados. Entonces, usando la información acumulada por tal análisis, los publicistas y los fabricantes de los productos toman las decisiones en cuanto a qué clase de estrategia van a montar para vender el producto. Aunque tú no puedes emplear a unos analistas para hacer unas búsquedas iguales ni puedes gastar la gran cantidad de tiempo como los publicistas en tomar una decisión sobre el mejor método para presentar el producto nuevo, lo que sí puedes hacer es formular algunas preguntas básicas que te ayudarán a desarrollar una mejor idea de quién tendrá un interés en leer lo que tú estás para escribir.

TEMA UNO: Tu relación con el tema--PREGUNTAS GUIONES

Tu primer interés como escritor será comprender lo que entiendes del tema propuesto. Puedes hacer esto contestando las siguientes preguntas guiones:

1. ¿Tengo acaso una experiencia de primera mano sobre el tema? Y si la tengo, ¿qué reciente es esa experiencia? ¿Es tan fresca que puedo desarrollar una imagen completa para mis lectores?

2. Y si no tengo una experiencia de primera mano, ¿cómo y dónde podré obtenerla?   ¿Tendrá esto un efecto sobre mi capacidad de ser preciso y   convencerlos?

3. ¿Acaso me gusta o no el tema?   ¿Coloreará eso los datos que presentaré y la manera en que los presento?

4. ¿Acaso me tiene importancia el tema o no la tiene?

5. ¿Acaso el tema tiene interés sólo para mí o es de interés universal?   ¿Puedo mostrar cómo el tema se relaciona con otros además de relacionarse conmigo?

TEMA DOS: Tu y el lector--OTRAS PREGUNTAS GUIONES

De las respuestas que hiciste a las guiones anteriores, tú ya habrás ajustado tu conocimiento y tus sentidos sobre el tema. Estos ajustes, desde luego, se colorearán por tus percepciones de las conexiones que eslabonarán a ti, el tema, y al lector cuando tu redactas el ensayo. A continuación verás unas adicionales preguntas guiones que tienen algo que ver con el lector.

1. ¿Cuánto sabrá el lector acerca del tema?

2. ¿Tendrá el lector un entusiasmo grande por el tema?

3, ¿Será hóstil, incrédulo, o apático hacia el tema?

4. ¿Tendrá el lector algunas ideas equivocadas en cuanto al tema?

5. ¿Cuál es la edad o el nivel educativo del lector?

6. ¿Es hombre o mujer el lector, o hay los de ambos sexos en el grupo de lectores?

Tus respuestas a esas preguntas determinarán, en gran manera, cómo proseguir al desarrollar tu tema.   ¿Qué es lo que te gustaría hacer con este grupo de lectores? ¿convencerlos? ¿enfadarlos? ¿entretenerlos? ¿crear un interés nuevo en ellos?

¿informarlos? ¿estimularlos a tomar acción? Quizás será una combinación de esos propósitos, o quizás tu propósito no te saldrá por completo hasta que hayas escrito el primer borrador.

PASO SEIS: LA TECNICA *DELFI*
La reacción de tu compañero

En este momento, te será propicio tener una conferencia con tu compañero o compañera de redacción aunque tus ideas estén malformadas todavía. A lo mejor ya tiene algunas ideas fijas sobre cómo hacer el ensayo, pero al tomar unos minutos para compartir opiniones e ideas acerca de tu tema, te vendrán consolidándose al hablar sobre ellas. Será otra manera de investigar tu tema y lo que tiene que decir sobre él.

PASO SIETE: LA ELABORACION DE LA TESIS

Con las reacciones de tu compañero o de tu grupo de redacción, y con un tema limitado mediante las preguntas del análisis, sabrás que se debe elaborar una tesis antes de redactar. Por lo regular, la tesis se escribe como respuesta a una pregunta--sea una inventada por ti o una de las del análisis. Por ejemplo, si hubieras escogido el tema número 61, y si lo hubieras limitado a «los matrimonios bi-étnicos», podrías hacer la pregunta, «¿Hay una posibilidad más grande que los matrimonios bi-étnicos tengan más problemas que los de sólo un grupo étnico?». Y entonces la tesis de tu ensayo transitiva sería, «Los matrimonios bi-étnicos tienen más problemas que los de un sólo grupo étnico» o «Los matrimonios bi-étnicos tienden a fallar más a menudo que los otros». Si tú haces una investigación y te es claro que es cierto esta aserción, esta «tesis,» entonces podrás redactar en una forma donde cada oración la refuerza.

•   SEGUNDA ETAPA: REDACTAR

Con tanta preparación, ya estarás listo para redactar tu primer borrador de un ensayo transitivo. Ve al laboratorio de ordenadores y escribe hasta agotarte. No te olvides de revisar el enfoque--hacia dónde va y para quién lo has escrito.

• _____ TERCERA ETAPA: LA REVISION

PASO UNO: EL SEGUNDO BORRADOR--Preguntas guiones
Hacemos hincapié en la necesidad de revisar tu obra al nivel de la mecánica y luego al nivel del sentido y te ofrecemos unas preguntas guiones para ayudarte a revisar la estructura y luego el léxico y los párrafos.

1. ¿Cuál estrategia de análisis escogí?

2. ¿Es apropiado para el tema que formulé?

3. ¿Qué clase de introducción usé?

4. ¿Habría otra que estimularía mejor al lector?

5. Y los acentos, ¿los tienen las palabras esdrújulas y las agudas (como «ción», «sión», y «xión»?

6. En cuanto al estilo, ¿habré identificado todo los verbos «ser» y «estar» para evitar un aburrido ensayo pasivo?

7. ¿Habré identificado todas las conjunciones que requieren el modo subjuntivo?   ¿Habré cambiado las conjugaciones que tienen formas ambiguas?

8. ¿Acaso he creado una tesis creíble?

9. ¿Cuántos detalles escogí para aclararla?

10. ¿Qué clase de conclusión utilicé?

PASO DOS -- TERCER BORRADOR:

Revisión de los aspectos gramaticales ya considerados-
Después de revisar los usos de «ser» y «estar», también revisa:
1. El uso del pretérito y del imperfecto
2. El uso del futuro
3. El uso de la voz pasiva en general

PASO TRES -- CUARTO BORRADOR:

REVISAR EL USO DEL SUBJUNTIVO

En cuanto a los dos modos del español, el indicativo y el subjuntivo, el subjuntivo se basa en el contenido de la oración principal--la <<cláusula>> principal. Si nos fijamos en el sentido de los verbos o el significado de toda la cláusula principal, podemos pronosticar con exactitud si el uso del subjuntivo es obligatorio u opcional. Si, por ejemplo, la cláusula principal tiene un significado de **influencia, emoción, o duda**, la cláusula subordinada (la que empieza con *que*) requiere el subjuntivo. La clave de lo que hace necesario el subjuntivo en la cláusula dependiente se analiza a través de ocho grupos.

CATEGORIA 1: **MANDATO**--INFLUENCIA con PERSONA COMO SUJETO

Presentamos **el mandato** como el primer grupo. Si se halla *en la cláusula principal, el uso del subjuntivo es obligatorio, no importa si es afirmativa, negativa, o interrogativa.*

Los siguientes verbos imperativos (mandatos) requieren el subjuntivo en la cláusula subordinada.

Dejar	to allow	Exigir	to demand
Impedir	to impede	Mandar	to order
Ordenar	to order	Pedir	to request + que + subj.
Permitir	to permit	Prohibir	to prohibit
Rogar	to beg,to request	Solicitar	to request
Sugerir	to suggest	Suplicar	to beg, to request

CATEGORIA 2: **MANDATO** -- INFLUENCIA con SUJETO IMPERSONAL

El segundo grupo tiene las mismas reglas que el primer grupo pero no hay sujeto personal en la cláusula principal.

Conviene	It is fitting	Es preciso	It is crucial

Importa	It is important	Es conveniente	It is a good time to act
Es importante	It is important	Vale la pena	It is worthy
Es mejor	It is best+que+subjuntivo		

CATEGORIA 3:   **DUDA** con una PERSONA COMO SUJETO

Al fijarnos otra vez en el sentido del verbo de la cláusula principal, descubrimos que implica **duda**, *el subjuntivo es obligatorio en la cláusula subordinada.* A continuación le presentamos unos ejemplos de esta categoría.

Dudar	to doubt	Ignorar	not to know + que + subj.
Desmentir	to demonstrate the falsity of		
Negar	to deny	Denegar	to deny

CATEGORIA 4:   **DUDA** con SUJETO IMPERSONAL

Aquí el significado del verbo principal es de **duda** pero los sujetos son impersonales.   Por lo tanto, el subjuntivo se usa sin falta en las oraciones afirmativas, y las interrogativas.   Si ve una de las siguientes expresiones en la cláusula principal, usa el subjuntivo en la subordinada.   No importa si es afirmativa o negativa.

Es dudoso	It is doubtful	Es posible	It is possible
Es imposible	It is impossible	Es probable	It is probable

Dentro de las tres categorías, hay verbos que tienen un sentido de duda pero por ser de *significado afirmativo,*   *no se usa el subjuntivo en la cláusula subordinada.*
Dos de ellos son: **Creer**-to believe and **Pensar**-to think

Tampoco precisa usar el subjuntivo en la cláusula subordinada cuando una de las siguientes *expresiones impersonales y de significado afirmativo* está en la cláusula principal.

Es cierto	It is true	Parece	to seem, appear	Es	It is
Es seguro	to be sure	Es verdad	It is true + que + indicativo		

CATEGORIA 5: **LA EMOCION**

Hacemos hincapié en que *es el significado del verbo en la cláusula principal lo que expresa emoción.* Después de los verbos que expresan emoción, el uso del subjuntivo es necesario en las cláusulas afirmativas, negativas, o interrogativas.

Anhelar	to long for	Aprobar	to approve
Decir*	to order, to say	Desear	to desire, wish
Esperar	to hope, to wish	Desaprobar	to disapprove
Querer	to wish, want	Rechazar	to reject
Preferir	to prefer	Escribir*	to order, to write

*Notese: Incluimos los dos verbos como «decir» y «escribir» dentro de la clasificación de mandato porque a veces se expresan con el propósito de influir al lector u oyente y se usan en calidad de mandato. En tal caso, se requiere usar el subjuntivo en la cláusula subordinada.

CATEGORIA 6: **LA EMOCION**

Este grupo de verbos produce dos posibilidades de uso en el subjuntivo de la cláusula subordinada. Es decir, es **opcional**. No obstante, se emplea siempre cuando la parte subordinada es el objeto de una frase preposicional.

Me alegra	It gladdens me	Me extraña	It surprises me
Me duele	It wounds me	Me gusta	It pleases me
Me da pena	It causes regret	Sentir	To feel bad about
Celebrar	To approve, to be glad of		

En la cláusula subordinada, no hay un grupo de mandatos donde no se use el subjuntivo.

EJERCICIOS

Instrucciones: Verás   dos   frases   cortas.   Construye   una
oración   larga   que   esté   compuesta   por   ambas.

Modelo: Lo   dudo....

}-<u>Dudo   que   haya   estudiado   mucho</u>.

Ha   estudiado   mucho.

1.   Se lo pide.........

}--

Ella   se   casa   con   él.

2.   Lo   suplicaban.............

}---------------------------------------

No   les   negabas este   favor.

3.   Lo   necesitamos...

}---

Nos   dejan   solos...

4.   Lo   negamos.............

}---------------------------------------

Tú   has   hecho   todo   esto.

5.   No lo creo.............................

}--------------------------------

Jacinta   no   ha   llegado   todavía.

Al   pensar   en   el   verbo   de   la   cláusula   principal   y   su   sentido
según   los   grupos   mencionados   arriba,   el   uso   del   subjuntivo   en
la   cláusula   dependiente   se   aclara.

**PASO   CUATRO--EL   BORRADOR   FINAL: Revisión   del
Estilo**

En   tu   ensayo,   ¿sigues   tú   las   sugerencias   de   Azorín   que
citamos   en   el   capítulo   cinco   en   cuanto   al   estilo?   Ofrecemos
algunas   de   ellas   a   continuación:

1. ¿Pones tú una cosa después de otra sin fijarte en cosas de posible interés para el lector?

2. ¿Desempeñas el papel de orador o escritor en tu redacción?

3. ¿Es tu pensamiento tan fecundo que no sobrecarga los sustantivos con más de un adjetivo?

4. ¿Tienes tú el hábito de eliminar lo supérfluo?

5. ¿Necesita tu redacción muchas comas--es decir--requiere el estilo cortado?

6. En buscar un léxico más rico, ¿evitas los neologismos--los gringuismos o los anglicismos?

7. ¿Has usado tú un tono más o menos formal a través de todo el ensayo?

8. ¿Cómo refleja este tono en el título de este ensayo?

CAPITULO 7
UN ENSAYO «TRANSITIVO»
QUE EXPLICA CON LA OPOSICION

El ensayo «transitivo» gira alrededor del lector. Así, nuestra tarea será descubrir el sentido de un tema y explicar ese tema a unos lectores. Después de haber pasado por las tres etapas del proceso de redactar, podemos transmitir o comunicarles este sentido a ellos. Pero, no sólo informamos, sino también entramos en el proceso por el cual descubrimos y comunicamos conceptos, ideas, y pensamientos.

En este capítulo, una extensión del anterior, tratamos la influencia de la oposición en descubrir el sentido de cualquier tema. Verás cómo puedes comunicar tu conocimiento acerca de un tema a través de la ella.

PASO UNO: BUSCAR COMO

TEMA UNO: PENSANDO EN LA OPOSICION

Una oposición implica una confrontación física, y a menudo pensamos en lo que nos confronta físicamente. Dos equipos se oponen en este sentido; es en este sentido que los protestantes se oponen al objeto de su desafecto. Pero la oposición es más que esto. Tú habrás tomado una decisión después de haber analizado los «pros» y los «contras» acerca de un tema o una situación. Si este es el caso, tú usaste el principio de la oposición para establecer lo que tú viste a base de lo positivo y lo negativo de la situación. También, las cosas tienen un sentido en su mismo contexto, y usamos la oposición para ver cómo una cosa física en contraste con, o se destaca en, su contexto. Si viéramos una línea de postes de una cerca o de teléfonos, se imaginaría una serie de lineas convergentes si la miráramos a lo largo de ella hacia el horizonte. En cada caso, cada poste se define por la forma en que se destaca en relación al poste más pequeño y entonces con el que lo sigue a continuación formará otro contexto aún más pequeño--al convergerse las líneas, cada poste dominará en forma ascendente el contexto o el fondo contra el cual se ve.

123

Con la oposición, consideramos los aspectos raros, incóngruos, o poco usuales de una situación. Considera la siguiente oración como ejemplo: «Para un torero que pesa 60 kilos, faena **lento**.» Normalmente, esperaríamos que, según las reglas de sintaxis, un adjetivo diferente siguiera el sustantivo-- la forma de la oración pide un contraste. Más bién que «lento,» esperaríamos algo tal como «ágil,» «veloz,» «rápido,» o «un buen bailarín.» De este modo, «lento» se destaca por ser lo opuesto de lo que esperábamos terminar la oración; «lento» provee un fin incongruente para ella.

TEMA DOS: UNA IRONIA MEDIANTE PALABRAS E IDEAS INCONGRUENTES--LA DISOCIACION

El escritor español Julio Camba nos provee una auto-descripción donde nos presenta cosas **incongruentes**. A ver si te gusta lo que dice.

Yo soy un septuagenario y, si las cosas continúan como hasta aquí, no desespero de llegar a alcanzar un día las cimas augustas del octogenariado,... No tengo barbas, porque los septuagenarios de ahora no se las dejan y yo no quiero que se me tome por un septuagenario de los tiempos de Maricastaña, y tampoco tengo familia ni dinero. Lo único de que disfruto es de ciertos privilegios como, pongamos por caso, el de que se me ceda siempre el primer turno ante una puerta giratoria para que sea yo quien la empuje, y de algunos achaques,[1] y digo que disfruto de estos achaques porque, ¿qué sería de mí sin ellos? ¿Qué sería del pobre señor que no está en edad ni dispone de medios para hacer grandes comilónas o irse de juerga por ahí si no tuviese un hígado o un riñón que exigieran cuidados determinados y le ayudasen a sobrellevar en casa las largas veladas de invierno? ¡Hombres que os vais acercando a la setentena y que notáis algún desarreglo en vuestras vísceras: dejad a éstas tal y como están, porque una vejez con todas las vísceras en perfecto orden tiene, forzosamente, que ser una vejez tristísima!

[1]Minor chronic ailments

Camba nos estimula con un sentido de ironía al mezclar lo esperado con lo inesperado, un sentido de oposición con unas palabras y frases como *disfruto* de achaques y *disfruto* de *privilegios*, y aún más en la última oración.

TAREA DE REDACTAR - 7.1: PENSAR CON LA OPOSICION

PREGUNTAS GUIONES

Para identificar los elementos opuestos en ese párrafo, se puede usar las preguntas siguientes. En este caso «X» significará o «La vejez» o «Un cumpleaños».

¿Qué entidades físicas se oponen a «X»

_____

¿Hay oposición teórica o filosófica hacia «X»?

_____

¿Qué se ha escrito o se ha dicho en contra de «X»?

_____

¿Cómo se destaca «X» en su propio contexto?

_____

¿Cómo se diferencia «X» de otras cosas semejantes?

_____

PASO DOS: ESTUDIAR OTRO EJEMPLO

Raúl Guerra Garrido, otro ensayista español, define *El silencio* separarándolo del ruido, que lo opone. Lee el ensayo con el propósito de luego **contestar las preguntas** de análisis **que lo siguen** a continuación.

En el principio no fue el verbo (San Juan) ni la acción (Göethe), sino el silencio (Nadie). Todos hemos oído hablar del silencio, pero ¿de veras existe? Nadie lo conoce, dicen que su estruendo parte los oídos, dicen que es el vicio solitario del que se pregunta quíen es, dicen, pero no se les escucha.

El ruido es el hijo putativo[1] de la velocidad y del progreso entendido como mecanización, es un azote ecológico grave y del que nunca se habla; diríase que alrededor del ruido se levanta un cómplice muro de silencio por la turbia razón de que la protesta juvenil siempre es ruidosa y hoy todos queremos ser jóvenes, y, sin embargo, sus efectos son inmediatos y contundentes[2] por más que los ocultemos. La sordera y la neurosis están aquí, en la casa y en la calle, en la vida pública y en la privada, pero nadie acierta a disminuir el volumen de radios, coches, disparos, conversaciones y críticas infamantes.

La música es un **rock** duro, literatura un eslogan publicitario, se cree en el ruido y la furia porque la idea compleja necesita de la soledad y del silencio, y bastantes problemas tiene ya uno como para encima buscar la verdad con el riesgo de encontrarla. Reduzcámosla, como mucho, a los titulares de la Prensa. Libros fuera. Quien ama el ruido odia la soledad, es decir, teme enfrentarse consigo mismo: el pensar es el obsceno vicio de los morbosos.[3]

Ninguna persona del mundo occidental vive a más de cien metros de un motor ruidoso y, no obstante, el consejo de «aprenda a vivir con ruido» es imposible de cumplir. En el estrépito no hay vida: la naturaleza jamás atruena, ni siquiera en la tormentas. El precio que se paga es muy caro; basta recordar la anécdota del balde de metal dejado por descuido en un cajón en el que se procedía a hacer ensayos con reactores y que al cabo de un cierto tiempo se desintegró totalmente por obra y gracia del zumbido del motor. Nuestro oído no es más resistente y , sin embargo, la mayoría de los hombres no hacen nada de por si contra la

[1]adoptive child
[2]exciting
[3]sick minded

amenaza del ruido excesivo, y es que, por desgracia, el ruido proporciona al ignorante la idea de fuerza, el más vocero es el más valiente; un mecanismo que funciona sin ruido impresiona menos que los demás, y en consecuencia, se le quita el silenciador a la moto, por más que se lleve un «nuclear, no, gracias,» extraña mentalidad ecologista. Pero no son sólo los jovenes: entre los adultos hay quienes siguen pensando que cuanto más ruido hay, más se trabaja, y que el trabajo ruidoso es el trabajo viril por excelencia. Se ama el ruido y se teme la sociedad. El triunfador se derrumba sin la pena de la multitud. Nuestra civilización se sostiene en las masas. ¿De qué sirve una convocatoria a la que acude un hombre solo? Quizá lo peor que le pueda ocurrir al hombre es estar solo; pero uno piensa que aún peor es no poder estar solo cuando uno quiere. No; lo peor de todo es no sentir jamás la soledad como algo necesario: no conozco mayor cobardía. Hasta el ocio nos lo han colectivizado; libros fuera. Ni siquiera el insomnio les hace a algunos recapacitar sobre el tema. ¿Por qué no puedo dormir? ¿Por qué los campesinos de aldeas aisladas jamás sufren de insomnio?

El pensamiento y el ruido son antagonistas: sin silencio no hay atención y el sistema nervioso se altera. Alguien dijo que el silencio era el 90% de la sabiduría; pero ¿a quién le interesa la sabiduría? De no hablar sino cuando fuera preciso raramente despegaríamos los labios; pero quizá así llegáramos a entendernos, extraña circunstancia que a nadie le interesa; la prueba es que hablamos todos al mismo tiempo y a gritos, ni siquiera queremos oírnos. El mundo se nos hace incomprensible, y gritamos con pulmones y máquinas para ahuyentar el terror de llegar a conocerlo, es decir, de conocernos. Tenía razón San Isidro cuando colocó en la biblioteca de los copistas este letrero:

«Si eres capaz de comprender dónde estás, calla», lema que recuerda al del club de jóvenes leones; «Si no lees, calla, se nota», pues el libro es el símbolo inverso de un mundo frenético que teme la soledad y se aturde con decibelios.

EL PAIS, lunes 7 de enero de 1985.

TAREA DE REDACTAR - 7.2: ANALIZAR CON LA DISOCIACION

Al leer los párrafos del ensayo anterior, tú habrás notado que Guerra Garrido usa muchas de las preguntas guiones que mencionamos en la página 125. Para revelar cómo opone **el silencio** contra **el ruido**, quizás quiera reformar las preguntas de la disociación. En vez de preguntar en cuanto a la relación entre las cosas físicas, ¿no sería propicio cambiar el enfoque a las cosas abstractas, por ejemplo? Refiérete a esas preguntas, cámbialas, y contéstalas según el artículo de Garrido en las lineas siguientes:

_____

_____

_____

_____

_____

_____

_____

_____

_____

_____

_____

_____

_____

_____

_____

_____

_____

_____

amenaza del ruido excesivo, y es que, por desgracia, el ruido proporciona al ignorante la idea de fuerza, el más vocero es el más valiente; un mecanismo que funciona sin ruido impresiona menos que los demás, y en consecuencia, se le quita el silenciador a la moto, por más que se lleve un «nuclear, no, gracias,» extraña mentalidad ecologista. Pero no son sólo los jovenes: entre los adultos hay quienes siguen pensando que cuanto más ruido hay, más se trabaja, y que el trabajo ruidoso es el trabajo viril por excelencia.

Se ama el ruido y se teme la sociedad. El triunfador se derrumba sin la pena de la multitud. Nuestra civilización se sostiene en las masas. ¿De qué sirve una convocatoria a la que acude un hombre solo? Quizá lo peor que le pueda ocurrir al hombre es estar solo; pero uno piensa que aún peor es no poder estar solo cuando uno quiere. No; lo peor de todo es no sentir jamás la soledad como algo necesario: no conozco mayor cobardía. Hasta el ocio nos lo han colectivizado; libros fuera. Ni siquiera el insomnio les hace a algunos recapacitar sobre el tema. ¿Por qué no puedo dormir? ¿Por qué los campesinos de aldeas aisladas jamás sufren de insomnio?

El pensamiento y el ruido son antagonistas: sin silencio no hay atención y el sistema nervioso se altera. Alguien dijo que el silencio era el 90% de la sabiduría; pero ¿a quién le interesa la sabiduría? De no hablar sino cuando fuera preciso raramente despegaríamos los labios; pero quizá así llegáramos a entendernos, extraña circunstancia que a nadie le interesa; la prueba es que hablamos todos al mismo tiempo y a gritos, ni siquiera queremos oírnos. El mundo se nos hace incomprensible, y gritamos con pulmones y máquinas para ahuyentar el terror de llegar a conocerlo, es decir, de conocernos. Tenía razón San Isidro cuando colocó en la biblioteca de los copistas este letrero:

«Si eres capaz de comprender dónde estás, calla», lema que recuerda al del club de jóvenes leones; «Si no lees, calla, se nota», pues el libro es el símbolo inverso de un mundo frenético que teme la soledad y se aturde con decibelios.

EL PAIS, lunes 7 de enero de 1985.

1. El uso del pretérito y del imperfecto.

2. El uso del tiempo futuro.

3. El uso de la voz pasiva en general.

TERCER PASO--EL BORRADOR FINAL:

Revisión del Estilo

En tu ensayo, ¿sigues las sugerencias de Azorín que citamos en el capítulo cuatro en cuanto al estilo? Repetimos algunos de ellas a continuación:

1. ¿Pones tú una cosa después de otra sin fijarte en cosas de posible interés para el lector?

2. ¿Redactas en vez de declamar en tu ensayo?

3. ¿Sobrecargas los sustantivos con más de un adjetivo?

4. ¿Evitas los neologismos, los anglicismos o cualquier otro vicio?

CAPITULO 8
UN ENSAYO«TRANSITIVO»
RAZONANDO CON LA SECUENCIA

En este capítulo, una extensión del anterior, tratamos la influencia de la secuencia en descubrir el sentido de cualquier tema. Verás cómo puedes comunicar tu conocimiento acerca de un tema a través de la proximidad o la causalidad.

• **PRIMERA ETAPA: LA INVENCION**

PASO UNO: LA COMPARACION A TRAVES DE LA SECUENCIA

Al final, **la secuencia** nos ayuda a establecer el orden de las cosas y sus causas. Ahora necesitamos considerar los principios de la proximidad y la causalidad.

TEMA UNO: LA PROXIMIDAD

El principio de la proximidad abarca las preguntas de lo que circunda una cosa particular según las estipulaciones del tiempo y/o del espacio. Este principio permite narrar un cuento--primero esto ocurrió, entonces aquello, luego lo otro, etcetera--mientras relatamos el orden o la sucesión de los acontecimientos. Si, por ejemplo, tú asististe a un partido de fútbol y quiere contar lo que pasó, tú podrás usar cualquiera de las sucesiones siguientes, todas las cuales se basan en la cronología, o en el transcurso del tiempo.

1. Las actividades de la muchedumbre de los aficionados desde antes del juego hasta el medio tiempo hasta después del partido.
2. Enfocar la atención en el equipo mismo, y cómo jugaba durante las diferentes etapas del partido. O posiblemente cómo se portaban los espectadores o por qué demostraban ciertas acciones cuando el equipo hizo tal o cual cosa.
3. Destacar una serie de jugadas que dieron como resultado un gol.

Estos son sólo tres enfoques posibles que tú podrías escoger; cada uno ilustra cómo puedes usar la cronología como un principio ordenador. La cronología es también la base de dar instrucciones; en este caso cada paso para cumplir una tarea tiene su turno. Piensa por un momento en la acción de cepillarse los dientes. Antes de colocar la pasta dentífrica en el cepillo, hay que quitar la tapa del tubo de pasta. Los pasos en un proceso, entonces, prosiguen cronológicamente.

El principio de la proximidad también nos permite fijar o describir el orden espacial de las cosas. En el ejemplo del fútbol, si desearas describir las gradas o el público, tú podrías construir orden espacial empezando con tu asiento y moviéndose en una de las varias direcciones.

1. De la izquierda a derecha (o al revés) dando una gira mental del estadio hasta regresar a tu asiento, describiendo en tu turno, pues, a los oficiales, a los vendedores, a los aficionados del equipo opuesto, etc.

2. De un punto de interés a otro, a otro, y otro hasta cubrir todos los puntos de interés que te gustaría. Aquí el orden sería el mismo del número anterior, pero todavía sería ordenado según el espacio porque estarías cambiando de enfoque de un lugar a otro, moviéndose, desde luego a través del espacio.

TEMA DOS: LA CAUSALIDAD o la causa y su efecto:

La causalidad nos permite ordenar la experiencia especulando sobre el por qué algo pasó o lo que pasaría si otra cosa hubiera pasado. Por ejemplo, si tu coche no arranca por la mañana, ¿qué hace? Al haber pasado los sentimientos iniciales de ira, de disgusto, o de frustración, pensará en el por qué no funciona el motor. ¿Se ha agotado la batería? ¿Están flojos los cables de ella? ¿Están engrasados los cables? Cualquiera de las tres puede ser la razón (la causa) del problema de no arrancar el coche (el efecto). Como otro ejemplo, si el pan que tú preparas no se hinchara(el efecto), creerías que se te olvidó agitar la levadura (una causa posible), que tú disolviste la levadura en agua que estaba demasiado caliente, que, por lo tanto, estropeaste la levadura (otra causa posible), o que la levadura estaba demasiado vieja para funcionar eficazmente (una tercera causa posible).

Aunque no pensamos en las baterías agotadas ni el pan sin fermentarse, como problemas de gran importancia, estos ejemplos ilustran cómo pensamos en u ordenamos nuestras experiencias usando los principios de la causa y el efecto. Las situaciones de una importancia mucho más grande que baterías y panes se prestan a esta clase de pensar. ¿Qué pasará si no se para la contaminación de la ciudad de México o de cualquier otra ciudad grande? ¿Qué pasará si se usa el bitúmeno como combustible en la producción de la electricidad? ¿Qué pasará si suprimen la construcción de las plantas nucleares para producir la electricidad? ¿Qué pasará si tú cambias tu carrera al español o si no la cambia? Claramente, estos son temas de una importancia potencial, y considerando las causas y los efectos inherentes a ellos, puede ser una manera bastante poderosa para explorarlos.

PASO DOS: ANALIZAR MODELOS

Fíjate en cómo un corresponsal anónimo del periódico, *E L PAIS*, mezcla los dos principios en un ensayo acerca del tema del «**Estress**». (Fragmentos)

Duros días los que acaban de pasar. Si los que observan el partido desde las gradas se sentían extenuados, ¿qué no les habrá sucedido a los que se encontraban en el terreno de juego?..Así oímos decir que nuestros líderes, los más jóvenes, los más guapos, los de, supuestamente, mejor salud, padecían stress. Y esto del stress, ¿qué es exactamente?

Conviene saber, en primer lugar, que la Real Academia Española de la Lengua ha admitido el término **estress**, y lo define de la siguiente forma: «Situación de un individuo vivo, o de alguno de sus órganos o aparatos, que, por exigir de ellos un rendimiento superior al normal, lo pone en riesgo próximo de enfermar». Y, en la práctica, ¿cómo se manifiesta esta tensión y qué podemos hacer para cambiarla? ¿Podría el oficinista que está recibiendo una reprimenda lanzarse, con una daga, al cuello de su jefe como si tratara de eliminar a un peligroso cocodrilo, o el piloto de un avión en apuros responder al instinto de salir corriendo para ponerse a salvo? Hay ciertas reacciones instintivas del hombre que han quedado desfrasadas, son inadecuadas e intútiles para la civilización urbana. Somos demasiado animales, demasiado primitivos en relación con el medio en que vivimos. Una de estas reacciones es la llamada de lucha o huida, su función es preparar al individuo para enfrentarse a un peligro que le amenaza. Fisiológicamente, la respuesta se caracteriza por un aumento del metabolismo (consumo de oxígeno) de la presión sanguinea, del ritmo cardíaco y respiratorio, de la cantidad de sangre bombeada por el corazón, y de la sangre que llega a los músculos del esqueleto.

Evidentemente, esta respuesta era perfecta para cazar bisontes o para huir de un leopardo enfurecido. Hoy no vale. Sin embargo, la agresión permanente que sufren los habitantes de la ciudad hace que el instinto de agresión o huida se encuentre en estado de alerta constantemente. Embotellamientos, prisa, dificultades económicas nos van deteriorando y nos precipitan a las enfermedades típicas de los tiempos que corren: hipertensión, infarto del miocardio, accidentes cardiovasculares, y depresión....

¿Qué hacer con este estado de excitación del cuerpo, que dentro de una oficina no nos sirve para nada, por hablar en términos eufemísticos?

El nuevo método de relajación en boga.está dirigido principalmente a los ejecutivos extenuados, pero puede servir a cualquiera... Basado principalmente en la meditación trascendental, el meditador debe sentarse o echarse en la posición que considere más confortable, con el propósito de reducir el esfuerzo muscular a un mínimo...Es muy importante no observarse, no forzar el estado de relajación.... La meditación hay que practicarla dos veces al día durante 20 minutos, y nunca después de las comidas. Hay que dejar transcurrir un par de horas para dar tiempo a la digestión.

La práctica continuada y regular de esta técnica libera de la ansiedad y la fatiga. Durante la meditación se producen cambios fisiológicos, como el descenso del metabolismo y del ritmo respiratorio.... La respuesta de relajación es el instinto opuesto al de agresión, y la humanidad lo ha sabido invocar a lo largo de toda la historia, especialmente a través de la religiones. La oración es un excelente método de relajación.

EL PAIS, Madrid, 10 de julio de 1979 (Fragmentos)

TAREA DE REDACTAR 8.1: Pensar con la secuencia--
Usar las preguntas guiones

Analiza el artículo sobre *La relajación* usando las preguntas guiones del análisis para La Proximidad y La Causalidad con «la meditación» como el tema de «X».

1. ¿Qué sigue «X» cronológicamente?

_____

2. ¿Cómo vino a crearse «X»?

_____

3. ¿Cuáles son las causas de «X»?

_____

4. ¿Cuáles son los resultados de «X»?

_____

5. ¿Cuáles son los problemas que causa «X»?

_____

Y ¿Cuáles son las soluciones a ellos de acuerdo a «X»?

_____

6. ¿Qué oportunidades ofrece «X»?

_____

7. ¿Cuáles son las implicaciones de «X»?

_____

8. ¿Es bueno «X»? ¿Malo? ¿Deseable? ¿Indeseable?
¿Necesario?

_____

PASO TRES: ANALIZAR ELEMPLOS

A continuación te ofrecemos un ensayo de propaganda por el escritor y reciente candidato para la presidencia peruana, Mario Vargas Llosa. Es en éste que él aplica los principios de la proximidad, la causalidad y los resultados para convencernos de que debemos convertirnos en unos aficionados del «jogging».

A ver si tú puedes identificar las estrategias que aplica para lograr su propósito.

Comencé a correr a los 35 años, cuando me di cuenta que mi único ejercicio diario consistía en cruzar una docena de veces los cincos metros que mediaban entre el escritorio y la cama. Un amigo deportista me convenció que el resultado de ese régimen de vida serían la obesidad, para empezar y el ataque miocardio para terminar, pasando por varios anquilosamientos. Fue sobre todo lo de la obesidad lo que me persuadió, pues siempre he creído que «la gordura es una enfermedad mental», como escribió Cyril Connolly (quien, dicho sea de paso, murió obeso) en *La tumba sin sosiego.*

Corrí, al principio, en un estadio que estaba cerca de mi casa. El primer día intenté dar una vuelta a la pista de atletismo--400 metros--y tuve que pararme a la mitad, asfixiado, con las sienes que reventaban y la certeza de que iba a escupir el corazón. Poco a poco, sin embargo, fui saliendo de ese estado físico calamitoso y alcanzando los niveles aceptables y establecidos por el método Cooper. Es decir, una milla (1.600 metros) en menos de ocho minutos o dos en menos de dieciséis. Corría cuatro o cinco veces por semana, temprano, y, aunque los primeros meses sentía aburrimiento y pereza--además de taquicardia[1] y agujetas[2]- -me fui acostumbrando, después apasionando y ahora soy un adicto y un propagandista del jogging, el más divertido y saludable de los deportes.

[1]Excessive pulse rate
[2]Pains from excessive exercise

Los resultados de las carreras matutinas fueron multiples, todos benéficos. Es cierto que se trata del más rápido sistema para adelgazar, sin hacer esas dietas que destrozan los nervios y enegrecen la vida, y una cura fulminante contra el cigarrillo--fumar y correr son vicios incompatibles--y, también, que toda persona que corre se ríe a carcajadas de los humanos que sufren de insomnio o de estreñimiento porque duerme a pierna suelta y tiene un estómago que funciona como un reloj suizo. Pero no son esos sus principales méritos. Superado ese período inicial en que el cuerpo se pone en condiciones y adapta a la rutina, correr deja de ser algo que se hace por obligación, terapia, vanidad, etcétera, y se convierte en un formidable entretenimiento, en un placer que, a diferencia de los otros, casi no exige riesgos ni causa estropicios....[1] Una vez que el cuerpo ha alcanzado un buen nivel de rendimiento, sugiero echar el libro del Comandante Kenneth H. Cooper al basurero, junto con el cronómetro, dar la espalda al estadio y lanzarse a las calles, a los parques, a las playas, a las carreteras, fijarse itinerarios cambiantes. Ahora es cuando comienza lo bueno. Corriendo a la intemperie uno advierte que, aun en las ciudades más feas de la tierra, hay siempre una trayectoria posible que, a la hora que el sol se asoma o se oculta, con lluvia o sol radiante, es grato seguir, y que, cuando uno pasa junto a ellos corriendo, ciertos árboles, fachadas, esquinas, personas que riegan las macetas, muchachas que salen al trabajo o vuelven de él, o perros que fornican, adquieren un encanto particular o son, en todo caso, muy diferentes de cuando uno los divisa desde la ventanilla de un auto caminando....

Tarde o temprano la gente tendrá que convencerse que, como leer un gran libro, correr--o nadar, patear una pelota, jugar al tenis, o saltar en paracaídas--es, también, una fuente de conocimiento, un combustible para las ideas, y un cómplice de la imaginación.

«Correr, placer intelectual», *CAMBIO 16*, Madrid: 1 de julio de 1979.

[1]*hassles*

TAREA DE REDACTAR - 8.2: LA SINTESIS

Podrás usar el computador y un procesador de palabras para aplicar, primero, las preguntas del orden de la sucesión, y segundo, cuántas preguntas de la disociación te parezcan adecuadas para identificar las estrategias de Vargas Llosa.

_____

_____

_____

_____

_____

_____

_____

_____

_____

_____

PASO CUATRO: ESCRIBIR SOBRE UN TEMA A TRAVES DE LA SECUENCIA

Podrás escoger un tema de la lista en las páginas 114 o uno de los siguientes términos y aplicar las preguntas de la secuencia como las de la página a tu selección, substituyendo el tema para «X». Y las preguntas, ¿qué clase de información revelaron en cuanto al tema que tú escogiste?

•_____ SEGUNDA ETAPA: REDACTAR

Pon todo en tu primer borrador de este ensayo transitivo. Redáctalo ahora con un procesador de palabras. No se te olvide de revisar el enfoque--hacia dónde vas y para quién lo has escrito.

•   <u>TERCERA ETAPA: LA REVISION</u>

PASO UNO -- EL SEGUNDO BORRADOR

Hacemos hincapié la necesidad de revisar tu obra al nivel de la macro-estructura y a él de la micro-estructura a través de **QUEVEDO**.™ Luego lo podrás hacer al nivel del sentido y de unas cosas básicas. Te ofrecemos algunas preguntas acerca de éstas:

1. ¿Son fieles y verdaderos mis datos?

2. ¿Son apropiados al tema que quiero proponer y las ideas que quiero comunicar?

3. ¿Qué clase de introducción usé?

4. ¿Está organizada la información del ensayo para que el lector comprenda lo que he dicho?

5. ¿Habría otro orden que estimulara mejor al lector?

6. ¿Acaso tengo una tesis creíble?

7. Y los párrafos informativos y los de la conclusión, ¿son limitadas, unificadas, cortas, y claras, con oración principal?

8. ¿Qué clase de conclusión utilicé?

9. ¿Acaso ofrezco detalles, ejemplos, o explicaciones suficientes a mis lectores para que entiendan bien el tema y las ideas que propongo?

PASO DOS --EL TERCER BORRADOR:

Revisión de los aspectos gramaticales

Usa **QUEVEDO** ™ para revisar los usos de *ser* y *estar*, las preposiciones, las terminaciones de los adverbios, y el uso del **subjuntivo**.

También revisa:

1.   El uso del pretérito y del imperfecto.

2.   El uso del tiempo futuro.

3.   El uso de la voz pasiva en general.

PASO TRES--EL BORRADOR FINAL:

Revisión del Estilo

En tu ensayo, ¿sigues las sugerencias de Azorín que citamos en la página 96 en cuanto al estilo?   Repetimos algunos de ellas a continuación:

1.   ¿Pones tú una cosa después de otra sin fijarte en cosas de posible interés para   el lector?

2.   ¿Redactas en vez de declamar en tu ensayo?

3.   ¿Sobrecargas los sustantivos con más de un adjetivo?

4.   ¿Evitas los neologismos, los anglicismos o cualquier otro vicio?

CAPITULO 9
EL ENSAYO TRANSITIVO DE ANALISIS

Con pocas excepciones, tu conocimiento de redactar hasta ahora ha salido de fuentes conocidas--tu vida personal, tus experiencias y observaciones personales.   Pero sin duda, ya habrás notado que en las universidades, la mayor parte de la redacción que se hace **explica** la obra de otros.   Así que la capacidad de analizar y responder es una de las habilidades de mayor valor.   Por esta razón, en este capítulo, hay estrategias para analizar algo y redactarlo en una forma lógica y transitiva.

EL ANALISIS

Nuestra discusión del análisis debe ayudarnos a empezar a reconocer el eslabón que existe entre la meta transitiva y el modo expositorio.   Como autores, podemos usar el análisis como una herramienta expositoria para ayudar a nuestros lectores a obtener un nuevo conocimiento.   Al hacerlo, se usa el principio básico de «distinguir y separar en partes hasta llegar los principios o elementos básicos.»   Este principio se puede definir cuando contestamos una de las preguntas: «¿De qué se compone?» o «¿Qué es lo que lo acompaña?»--esto es lo que se usa para enfocar un tema y pensar en la tesis del ensayo.

Estas preguntas que aplicamos para aclarar la tesis y descubrir las relaciones entre las partes de nuestros futuros ensayos, nos ayudarán a recordar las otras preguntas de análisis que usamos en el Capítulo Seis--las preguntas guiones de asociación

¿Qué asociamos con «E»?   (por ejemplo) o
¿Tiene partes físicas?,
¿Tiene divisiones «E»?   ¿De qué se compone «E»?

Al contestar estas preguntas, descubrimos las asociaciones pertenecientes a nuestra tesis y a nuestro tema.   La asociación nos permite catalogar los atributos de nuestro tema y hablar de sus características importantes, mediante una secuencia y unas conexiones.   A continuación tenemos un ejemplo de la secuencia de tal análisis.

Cada maestra buena posee, hasta cierto grado, tres características esenciales. Antes de todo, tiene que amar a la gente. También es necesario que a ella misma le guste aprender. Y por último, tiene que ser bastante flexible para saber cuando se debe suprimir todos los mejores planes didácticos para que los estudiantes aprendan espontáneamente por unos minutos.

En este ejemplo, la primera oración introduce una «unidad temática», que se compone de las oraciones que siguen que son las otras partes del total. La relación entre cada una de estas oraciones se describirá al aplicar las preguntas de análisis. Las oraciones van juntas porque son divisiones de una parte entera de la otra unidad temática.

PRIMERA ETAPA: LA INVENCION

PASO UNO: ANALIZAR EL VOCABULARIO UTIL

Al contestar las preguntas del análisis, te darás cuenta de que conviene usar algunas de las palabras o frases a continuación para referirse al tema que trata de definir.

VOCABULARIO PARA EL ANALISIS

dividirse en	formarse de
consistir en (una idea o concepto)	consta de (enumeración de
el elemento	varias partes o conceptos)
el aspecto	la función
el nivel	el estrato
la parte	el segmento

PASO DOS: ANALIZAR EJEMPLOS

EJEMPLO 1: «FUNCIONES DE LA SANGRE»

(1) Cuando nos hacemos una herida leve, notamos que en pocos minutos la sangre se coagula y la herida se cierra por sí misma. ¿Cómo ocurre esto? Para comprender esta propiedad particular de la sangre y sus importantes funciones, es necesario tener muy presente su composición.

(2) Nuestra sangre está compuesta de una parte líquida, el plasma sanguíneo, de color levemente amarillento y constituido por cerca de un noventa por ciento de agua, nueve por ciento de sustancias orgánicas y un por ciento de minerales.

(3) En el plasma se encuentran en suspensión corpúsculos sólidos, de forma y dimensiones variables. De estos corpúsculos, los más abundantes son los glóbulos rojos o hematíes (del griego "haima", sangre). Su color rojo se debe a una sustancia azoada[1] que contiene hierro, la hemoglobina. Hay otros glóbulos además de los hematíes: son los blancos o leucocitos(del griego "leukos", blanco y "kytos", célula) más grandes y mucho más escasos que los primeros.

(4) Además de los hematíes y de los leucocitos, hay en el plasma unos corpúsculos pequeñísimos, incoloros, denominados plaquetas.

(5) A base de la cooperación de todas estas partes se produce el proceso de la coagulación. Las plaquetas, por ejemplo, se transforman en grumos.[2] Esos, en su turno, se unen en una red cuando tocan unos filamentos de fibrina que aparecen en el plasma. Dicha red arrastra hacia el fondo los glóbulos rojos, que quedan aprisionados en ella y, al aglutinarse, forman una masa que detiene la salida de la sangre--el coagularse.

[1]Nitrogenized
[2]Clots

EJERCICIO DE ANALISIS 9.1

Contesta las siguientes preguntas para indicar las funciones de los párrafos anteriores.

1. ¿Cuál es el tema del ensayo?

_____

_____

2. ¿Cuál es la función del párrafo número uno en la organización del ensayo?

_____

_____

3. ¿Qué función tienen los párrafos dos, tres y cuatro?

_____

_____

_____

_____

_____

_____

4. ¿Cuál es la función del párrafo cinco?

_____

_____

5. ¿En qué consiste la tesis

_____

_____

6. Comenta el tema y el punto de vista del fragmento anterior.

_____

_____

_____

_____

_____

_____

_____

_____

_____

El ensayo anterior es una explicación de una de las funciones de la sangre de los mamíferos, la de coagularse. Para entender la función, como dice la oración temática, «es necesario tener muy presente su composición,» utilizamos el análisis y la secuencia para describir esa función.

EJEMPLO 2: *Las dos corrientes de la Iglesia Católica latinoamericana*

1. La Iglesia se sitúa en medio de las "tempestades de la historia". Su historia contemporánea se puede dividir... en preconciliar (el Concilio Vaticano II) y post-conciliar. Lo que encierra dos fases según la política.

2. Tradicionalmente, la más alta jerarquía eclesiástica continental ha integrado el «bloque de poder» de las clases dominantes, ha apuntalado[1] las tiranías y ha silenciado la explotación económica de las masas. Es el papel reaccionario que desempeñó el Obispo de Buenos Aires, Lué y Riega, cuando en las memorables jornadas de mayo 1810, se opuso tenazmente a las tesis revolucionarias de los patriotas. Pero las altas jerarquías--con muy honrosas excepciones--que siguieron en el quicio[2] ideológico de Lué y Riega, no componen toda la Iglesia, ni mucho menos los revolucionarios.

3. Los caudillos populares de la revolución mexicana, Morelos e Hidalgo, fueron sacerdotes. La tradición de la virgen morena de Guadalupe--el «guadalupismo»--siempre estuvo ligada a las protestas y rebeliones de los campesinos mexicanos. El cura José De Acevedo cabalgó con las montoneras artiguistas[3] en la otra Artigas, revolución popular del proceso independentista. Pero no solo él Uruguay participó, pues muchos otros curas unieron también sus destinos a los de la revolución. Como aquel padre Gomensoro que al saber la noticia de la Revolución de Mayo escribió en el «Libro Primero de Entierros»: «El día veinte y

[1]Propped up
[2]Connection

cinco de este mes de mayo expiró en estas provincias del Río de la Plata la tiránica jurisdicción de los virreyes, la despótica dominación de la península española y el escandaloso influjo de todos los españoles....»

4. El Concilio Vaticano II alinea a toda la Iglesia latinoamericana junto a las luchas populares, en la asistencia de los desheredados, junto a las víctimas de la injusticia social. El símbolo de la jerarquía eclesiástica ya no es Lué y Riega, sino Helder Cámara, el ilustre y valeroso Arzobispo de Recife.

Vivian Trías, «Pablo VI y América Latina», *OPINIONES Latinoamericanas*, Oct., 1978, 40-41, (Adaptación)

EJERCICIOS DE ANALISIS 9.2

Reacciona a las siguientes preguntas y frases para descubrir el sentido del fragmento anterior.

1. ¿Cuál es el tema y dónde se encuentra?

_____

2. ¿Cuál la función del párrafo uno?

_____

3. ¿Cómo funcionan los párrafos dos y tres?

_____

4. ¿Es clara la conclusión? ¿Es conclusión el párrafo cuatro?

_____

5. El tono y el punto de vista, ¿reflejan la actitud de la autora hacia tu tema, hacia el lector, o hacia el tema en el fragmento? ¿Usa un tono apropiado? ¿Cuál es?

_____
_____
_____
_____
_____
_____

Ya que tú tienes analizados los tres ejemplos de escritos analíticos, estarás listo para redactar unos párrafos transitivos de análisis.

TAREA DE REDACTAR 9.1: REDACTAR UNOS PARRAFOS

Dijimos anteriormente que el propósito más importante de un análisis es el de entender una unidad temática por medio del análisis de sus partes. En uno o dos párrafos, analice cada una de las cosas o los temas siguientes.

TEMAS PARA UN ENSAYO:

1. Un día típico para ti.

2. Un procedimiento por medio del cual tú obtienes dinero o algo importante que tú precisas de tus padres o de otros parientes dadivosos.

3. Una discusión con una novia o un novio.

4. Las maneras de sacar buenas notas de un profesor favorito (o menos favorito.)

5. Una primera cita típica.

Podrás ahora entregarselos al profesor en la siguiente reunión de la clase.

• _____**SEGUNDA ETAPA: REDACTAR**

TAREA DE REDACCION 9.2: REDACTAR UN ENSAYO DE ANALISIS

Redacta un ensayo transitivo usando el análisis como la estructura principal. Responde a uno de los temas a continuación. (Escribe un párrafo inicial que identifique al lector y que explique por qué tú escogiste tal lector para tal ensayo.)

1. Analiza tu proceso de redactar ensayos.

2. Analiza la trama[1] de tu espectáculo favorito de: película, telenovela, pieza (genre) de música, o ciertas clases de literatura (v.gr.: la novela, el cuento, los romances, tiras cómicas, o las novedades semanales o mensuales que salen en las revistas como *Visión.*)

3. Analiza una acción física (v.gr.: lanzar un «pitch» específico en el béisbol, mudarse de habitación, o cómo conocer al nuevo compañero de cuarto.

4. Analiza un aspecto de tus estudios universitarios.

• TERCERA ETAPA: LA REVISION

PASO UNO--EL SEGUNDO BORRADOR

Revisa la cuestión mecánica y léxica. ¿Están bien puestos todos los acentos? Y luego la estilística. ¿Carece de elegancia esta redacción porque ha usado palabras inapropiadas o demasiado pedantes?

PASO DOS--EL TERCER BORRADOR:

TEMA UNO: REVISION DE LA GRAMATICA ...
EL SUBJUNTIVO

Mientras redactas durante esta etapa del proceso, te acordarás de usar $QUEVEDO^{TM}$, si está disponible, para averiguar si cada una de las siguientes conjunciones que requieren el subjuntivo, lo tienen en el verbo pospuesto.

a no ser que	salvo que	a menos que
luego que	antes (de) que	para que
con tal que	sin que	

También $QUEVEDO^{TM}$ te mostrará las cláusulas sustantivas donde se debe usar el subjuntivo, por ejemplo, todas las situaciones de los grupos mencionados arriba.

PASO TRES: EL CUARTO BORRADOR--El Párrafo

TEMA UNO: LA CONCLUSION --TAN IMPORTANTE COMO LA INTRODUCCION

La importancia que tiene la introducción para guiar a tus lectores hacia un entendimiento de tu ensayo se repite en el concepto de la conclusión. La conclusión le recuerda al lector el enfoque de la pieza que acaba de leer. A pocas personas les gusta ver una película que no parece tener ni principio ni fin. Salen del cine murmurando entre si «Pues, ¿qué pasó?» «No lo entendí. Es que ¿se les olvidó incluir algo?» Es seguro que tú no quieres que tus lectores terminen una lectura de tu ensayo murmurando algo parecido.

La función de la conclusión es de terminar tu ensayo. Al usarla bien te permite evitar las tendencias neófitas de pararse en la mitad de un pensamiento o prolongar el mensaje en un sinfín de palabras buscando en dónde terminar. El lector espera que tú encauces tus pensamientos por medio de un vehículo hacia el punto cumbre del ensayo. También espera señales claras que ya se ha expresado en el punto culminante.

PROCEDIMIENTOS: Un comentario

La mejor manera de formular una conclusión es de pararte **después de escribir** la introducción y el mensaje principal y **leer de nuevo** lo que acabas de escribir. Al hacerlo **en voz alta**, sentirás algo que te dejará la impresión de una obra fabricándose. Es una cosa compuesta en donde cada detalle y cada oración marchan hacia un gran fin. Esta lectura en voz alta te serviá también para ver lo escrito en su totalidad. Muchas veces te es difícil tener suficiente espacio en la pantalla del computador o en la hoja en donde escribes para apreciar la totalidad de tu ensayo. No obstante, probablemente después de releerlo, verás algunas opciones para terminarlo. Tú querrás crear un sentido de conclusión para tus lectores, y querrás fomentar una comprensión de tu punto de vista. Querrás demostrarles el procedimiento que seguiste para llegar a creer en él.

A menudo, el primer pensamiento que se nos ocurre en cuanto al fin de una obra es el de producir un resumen de élla. No es mala idea en sí, pero pronto llegará a aburrir si se usa con frecuencia o sin fijarte en los lectores y su probable relación con la materia explicada. Un ensayo que desarrolla sólo uno o dos puntos mayores no necesita mucho resumen, puesto que la conclusión es la última cosa que encuentra el lector, y así será la cosa que probablemente tendrá el mayor impacto. Como al cura que le interesa asegurarse que los parroquianos de su aldea lleven consigo el sermón de la misa y por lo tanto la plantea en su mente mediante una fuerte y animada conclusión para su sermón, tú como «planeador» de impresiones finales, necesitas considerar cómo dejarles una impresión fuerte a tus lectores.

ERRORES QUE SE SUELEN COMETER

Si comete uno de los siguientes errores, te será muy difícil impresionar fuertemente al lector. Los dos errores más comunes al desarrollar una conclusión son:

1. **Terminar con solo una oración.** Así como los autores eficaces evitan el uso de una introducción de una sola oración, la mayoría de los mismos evitan que el impacto entero de toda tu obra se respalde en una sola oración al final. Es posible que el autor que lo hace, no se sienta cómodo con la materia principal del ensayo. Un resultado típico sería: «Supe que no debía haberme levantado aquella mañana.» Si los lectores no se han fijado en ese hecho cuando llegan al fin de la obra, no les será necesario anunciarlo porque ya habrán perdido el mensaje.

2. **Introducir temas nuevos.** Una conclusión es el fin, no el principio. Acuérdate del enfoque principal de tu escrito y quédate con él hasta el fin de éste. Si tú tiene ideas adicionales que introducir, si no lo has organizado correctamente o si te has alejado del enfoque original, no importa el caso, no le ayudará nunca al lector el introducir ideas nuevas; nunca recibirá un sentido de terminar.

Hay un proverbio que dice, «cuánto más tiempo pasa en crear la introducción de un ensayo, más requiere la conclusión.» En el capítulo anterior, nos fijamos en las estrategias para formar introducciones. Ahora te presentamos algunas estrategias para sugerir posibilidades para terminar un ensayo.

TEMA DOS: ESTRATEGIAS PARA CONCLUIR

ESTRATEGIA 1: TERMINAR CON UN SENTIDO DE RESPONSABILIDAD

El recurrir al sentido de responsabilidad de nuestros lectores puede crear un sentimiento mutuo de tomar parte de algo juntos entre los lectores y el autor. Sugiriendo que «estamos todos en el mismo banco» puede reducir al mínimo cualquier idea de que tú te sientas superior a tus lectores y posiblemente puedes ayudar a estos a tomar en serio el mensaje del autor.

Es necesario que se reformen las leyes que rigen a la familia de hoy. Es importante que se actualice todo lo que permita unos mayores niveles de convivencia humana. Pero es mejor que no seamos tan ingenuos o tan hipócritas como para llamar progreso a lo que reconocemos que es un forzado regreso. Es fácil que confundamos la subida a una montaña con formar parte de una civilización que «avanza progresivamente hacia atrás».

«Familia: La crisis más profunda»
Fragmento de *Blanco y Negro* (Revista Española)

ESTRATEGIA 2: TERMINAR CON UNA ACLARACION FINAL

Una anécdota o un ejemplo al fin de un ensayo puede ser eficaz si las palabras complementan el mensaje principal del escritor. Hablando de la belleza del paisaje de Castilla dice un famoso autor español:

Existe el prejuicio inaceptable de no considerar bellos más que los paisajes donde la verdura triunfa... (Castilla) No es verde, sin duda; pero es, un cambio, un panorama de coral y de oro, de violeta y de plata cristalina. Los campos verdes retardan el compás del corazón. Pues bien; aquí, en Castilla, encontrarán el paisaje incendiado que no existe en Europa; aquí, los campos rojos y áureos ponen los pulsos al galope. Más aún: la plenitud a que llega cada color convierte a los objetos todos--tierras, edificios, figuras--en puros espectros vibrantorios, Es un mundo para la pupila, un mundo aéreo e irreal que, como las ciudades fingidas por las nubes crepusculares, parece en cada instante expuesto a desaparecer, borrarse, reabsorberse en la nada. Castilla, sentida como irrealidad visual, es una de las cosas más bellas del univero.

José Ortega y Gasset, «Notas de andar y ver»
Castilla a cultural reader, New York: Appleton-Century-Crofts, 1970, pp. 102-03.

ESTRATEGIA 3: TERMINAR CON UN PRONOSTICO

De vez en cuando, los escritores quieren colocar sus ideas dentro de cierto período de tiempo. El propósito del ensayo será de indicar un problema futuro o de sugerir una dirección que seguirán los acontecimientos del futuro. Considera el siguiente fragmento de un autor español:

Estas consecuencias de las nuevas tecnologías, que constituyen a pesarde ello avances objetivos en el campo cultural y comunicativo, hacen necesario que los responsables de la política cultural actúen selectivamente sobre los que en medicina se denominan **efectos secundarios nocivos**, en este caso efectos indeseados diamantes del modelo electrónico-informático implantado cada vez con más fuerza en nuestras vidas cotidianas y en nuestras prácticas del ocio por las industrias punteras del eje electrónico Los Angeles-Tokio, cuyos estrategas diseñan los circuitos nerviosos del nuevo Estado telemático, que reemplazará a los burócratas por centros de procesamiento de datos. Su promesa es la meta de la pandemocracia comunicativa sin fronteras, pero esta meta sólo podrá alcanzarse si detrás de la tecnología («un nombre griego para un saco de herramientas», la calificaba Toynbee) existe un proyecto cultural socialmente progresista, capaz de utilizarla al servicio de la democracia comunicativa y de corregir sus disfunciones y sus efectos indeseados.

Román Gubern, «El nuevo Estado telemáticó»
El País, lunes, 23 de enero de 1984

ESTRATEGIA 4: TERMINAR CON UNA CITA

A menudo los escritores aplican las declaraciones de otras personas si quieren una expresión de la idea principal del ensayo que sea emocionante y desacostumbradamente enfática.

El diálogo nos prohibe negarnos y negar la humanidad de nuestro adversario. Marco Aurelio pasó gran parte de su vida a caballo, guerreando contra los enemigos de Roma. Conoció la lucha, no el odio, y nos dejó estas palabras, que deberíamos meditar continuamente: «Desde que rompe el alba hay que decirse a uno mismo: me encontraré con un indiscreto, con un ingrato, con un pérfido, con un violento... Conozco su naturaleza: es de mi raza, no por la sangre ni la familia, sino porque los dos participamos de la razón y los dos somos parcelas de la divinidad. Hemos nacido para colaborar como los pies y las manos, los ojos y los párpados, la hilera de dientes de abajo y la de arriba.» El diálogo no es sino una de las formas, quizá la más alta, de la simpatía cósmica.

Octavio Paz, «La historia como diálogo»
El País, lunes, 15 de octubre de 1984

TAREA DE REDACTAR 9.3: ANALIZAR CONCLUSIONES

Selecciona uno de tus ensayos y examina tus conclusiones cuidadosamente. Después escribe otras dos posibles conclusiones, usando estrategias totalmente diferentes. Muestra el original y las dos versiones nuevas a tu compañera o compañero de escritura y pídele seleccionar la que te parezca más eficaz.

_____

_____

_____

_____

_____

_____

_____

_____

_____

_____

_____

_____

_____

_____

PASO CUATRO-- EL BORRADOR FINAL

Después de revisar el estilo básico, te gustará revisar algunos aspectos gramaticales de **ser** y **estar**, de los **adverbios**, y del **subjuntivo**, también querrás revisar el **pretérito** y el **imperfecto**, la voz pasiva, buscar los errores mecánicos--los de la ortografía y del acento.

La última preocupación te serán los rasgos estilísticos que enumeró Azorín, los que llamamos «básicos». Podrás considerarlos de nuevo para tu último borrador. Son:

1. ¿Pones tú una cosa después de otra sin fijarte en cosas de posible interés para el lector?

2. ¿Desempeñas el papel de orador o escritor en tu redacción?

3. ¿Es tu pensamiento tan fecundo que no sobre carga los sustantivos con más de un adjetivo?

4. ¿Tienes tú el hábito de eliminar lo supérfluo?

5. ¿Necesita tu ensayo muchas comas--es decir--requiere el estilo cortado?

6. Al buscar un léxico más rico, ¿evitas los neologismos--los anglicismos?

7. ¿Has usado tú un tono más o menos formal a través de toda la redacción?

8. ¿Cómo reflejas este tono en el título de tu redacción?

CAPITULO 10

EL ENSAYO TRANSITIVO «DE PROCESO»

Cuando se menciona la palabra «proceso», probablemente tú piensas en el proceso de elaborar el pan, en el proceso siderúgico, o quizás en el proceso de atar un cordón de zapato. Ahora, si te detienes y piensas por un momento, te darás cuenta de que la idea de **proceso** gobierna la mayor parte de la vida cotidiana. No tiene que limitarse a cosas prácticas. A menudo, surgirá un proceso cuando piensas en las diferentes maneras en las que se relajan las personas como, por ejemplo, cuando se entretienen, o piensan en lo que pasa.

Podemos descubrir un proceso en casi cualquier cosa que hacemos. La prueba de nuestro entendimiento sobre un proceso estaría en nuestra capacidad de comunicarle ese entendimiento a otro individuo que desconozca el proceso. Muchas veces tenemos que ayudar a otros a realizar un procedimiento que conocemos desde hace tiempo. Mientras les enseñamos a otros, nuestro conocimiento está reforzado hasta que ambos, estudiante y maestro, obtengan beneficios. Por ejemplo, si quisiéramos enseñar como bromear, podríamos contar una anecdota que demostraría el proceso. Considera la historia a continuación como un ejemplo.

Hace algunos años un tal Hugh Troy, millonario norteamericano y gran aficionado a las bromas, se vistió de capataz[1] y se presentó con una cuadrilla de hombres armados con palas, picos y perforadoras eléctricas en pleno Times Square de Nueva York, a la hora en que el tráfico era más intenso. Tranquilamente se pusieron a excavar, mientras los policías se volvían locos desviando la corriente de vehículos hacia calles y avenidas adyacentes. Al mediodía Troy sacó un silbato, pitó, y él y sus trabajadores se sentaron tranquilamente a almorzar en la banqueta. A las doce y media volvieron a la obra, hasta las cinco de la

[1]Foreman

tarde. Para entonces habían excavado una hoyanca de veinticinco metros cuadrados por dos de profundidad. Al retirarse, pusieron vigas alrededor y colocaron las linternas rojas reglamentarias, para
no volver más. No fue sino hasta dos días más tarde que las autoridades se dieron cuenta que el agujero había sido abierto el primero de abril.

(Fragmento: Marco A. Almazán, *Los pecados de abril*)

Quizás ninguno de nosotros esté dispuesto a llegar a tales límites para hacer una broma, pero tal como vimos en esta anécdota, prácticamente, podemos hallar un proceso en cualquier actividad que realicemos. Al mismo tiempo, la prueba de nuestro entendimiento de tal proceso yacerá en nuestra capacidad de comunicarle el mismo entendimiento a alguien que no lo tiene.

•   PRIMERA ETAPA: LA INVENCION

DOS ESTRATEGIAS PARA ORGANIZAR--

ESTRATEGIA 1: PASO POR PASO

El centro de la estructura de un proceso es la relación: «¿qué se relaciona con qué?». Esta estrategia, una especie de «receta», es lo más natural para presentar los pasos de un proceso. Eso no quiere decir que la secuencia es responsable por todo el orden en un párrafo o un ensayo; más bien, es que en el ejemplo más sencillo de la secuencia, se halla el orden de un proceso. A continuación te ofrecemos un ejemplo sencillo:

«Vaya derecho hasta el semáforo frente a la casa del presidente y doble a la izquierda entrando en la carretera 93. Sigue en la 93 hasta la división y quédese al lado derecho. Continúe por toda la aldea de Marañón hasta llegar al último semáforo. Doble a la izquierda y hallará el Hotel Mesón a su derecha.»

En este fragmento y en el ensayo siguiente, verás ejemplos de «recetas». Son buenos para direcciones o manuales médicos, pero fallan en una cosa importante, la de humanizarlo para el lector, para que no se aburra. ¿Harías tú otras cosas con la redacción siguiente para que no fuera una presentación tan médica y como la de un proceso quirúrgico?

EJEMPLO--La disección de la rótula humana

Al leer este ensayo, se dará cuenta de cómo hacer una buena incisión para así poder descubrir la rodilla interior de un cadáver humano--el que se presume estar dentro de una caja metálica y de una bolsa plástica que están en posesión de la persona listo a diseccionar--el o la estudiante. Y desde luego, se presume que el cadáver ya está embalsamado.

El estudiante necesita en su equipo: un delantal con que cubrirse; guantes quirúrgicos; escapelo;[1] pinzas; y tijeras quirúgicas. Con dichas herramientas, se puede tener éxito al seguir la instrucciones siguientes: Primero, principie por el cutis que cubre la espina ilíaco anterior superior del hueso «pélvico,» haciendo una incisión longitudinal de poca profundidad, pasando por la epidermis y la dermis, siguiendo el plano sagital atravesando la sección superficial de la rodilla hasta el punto entre el maleolo lateral y medial.

Refiriéndose de nuevo al hueso de la cadera, hágase otra incisión de poca profundidad de la sección lateral de la cadera a la sección medial del muslo. Refiriéndose al tobillo, hágase otra incisión de el maleolo lateral hasta el maleolos medial. Ahora, usando la pinza con la mano desocupada, separe el cutis cortando el dermis del tegido subcutaneo con el escapelo. El ligamento rotular debe aparecer después de hacer cuatro tajos.

Segundo, poniendo la punta del escapelo en la posición de la hora de las cinco sobre la patela (donde estará el ligamento de la rótula), cuidadosamente hágase una incisión
[1]bisturí

profunda hacia la sección superior de la rótula e, yendo a la izquierda hacia abajo, se terminará en la posición de la asiento. Otra vez con las pinzas, agarre el borde y descascare los ligamentos y músculos desunidos con tanta fuerza como sea necesaria. Desuna el resto de los ligamentos y los músculos con las tijeras o aplicando más fuerza con el escapelo. Hágase esta incisión sin dejar un borde rígido. Ahora, siga cortando hasta verse la superficie que articula con la femura y la tíbula.

Si lo ha hecho bien, ya habrá anatomizado la rótula humana para que se vea una cavidad rosada, la superficie del fémur que articula, y la rótula de color que debe aparecer blanco por la parte superior de esta cavidad de la rodilla.

Si supieras todos los términos anatómicos, y tuvieras todas las herramientas y todo el equipaje necesario--inclusive el cadáver--¿podrías tú disecar una rodilla? Creo yo que si tuvieras una constitución fuerte, y las instrucciones completas, te sería posible, ¿no? Pero, ¿te gustaría leer una receta tan clínica? Probablemente no. De la misma manera, si trabajaras de socorrista en una piscina, por ejemplo, el recitar las reglas de uso y tus deberes influiría poco en el lector para fomentar su interés. Tampoco influiría mucho el hacerle entender lo que es ser socorrista. Pero si contaras incidentes, produjeras diálogos, y explicaras relaciones, podrías humanizar los elementos de tal trabajo.

ESTRATEGIA 2: LA NARRATIVA

¿Podrías hallar un enfoque «Había una vez» (de una hora, de un día, de una experiencia) dentro del cual mostrarías su proceso? En vez de escribir sobre el proceso del pescar, por ejemplo, ¿por qué no contar en una forma anecdótica exactamente cómo hacerlo? ¿Por qué no tener al lector allí a tu lado cuando lo practicas, mostrando los fallos y los éxitos porque el hacerlo informa e interesa al lector?

EJEMPLO--PESCAR: O MATAR O SOLTAR

¿Quieres matar o tienes una actitud de benevolencia? Si te gusta pescar, puedes ser o matador o conservador, especialmente cuando hablamos de pescar truchas. Todo el mundo sabe que uno de los pasatiempos favoritos de padres e hijos estadunidences es ir a pescar truchas. Para hacerlo hay dos procedimientos que seguir. Son casi iguales pero difieren en un aspecto importante. Uno puede pescar para alimentarse o puede pescar para divertirse como si la pesca fuera un juego deportivo. Refiriéndonos al primero la tradición pide que uno halle un lugar apropiado donde llevar la caña, soltar el hilo y atarlo al anzuelo, ponerle cebo, y lanzarlo al río o al arroyo escogido, y esperar que lo muerda una trucha. Al ver moverse el hilo y sentirla tragar el anzuelo, con un rápido tiro de la caña ya la tiene presa. Con un pequeño esfuerzo la puedes sacar del agua, quitarle el anzuelo de la boca, hacer un tajo metiendo la punta de la navaja en el extremo inferior del abdomen, y extendiéndolo hasta la mandíbula del pez, sacarle las tripas. Ya limpio el interior del cuerpo, puedes poner tu premio en una sartén y guisarlo con mantequilla y sal. Después de tres o cuatro minutos y dos o tres volteadas sobre el fuego, te saldrá exquisíto y sabroso. Te será un almuerzo digno de un rey o de una reina. Y puedes repetir este procedimiento vez tras vez hasta llegar al máximo éxito de pescar hasta quince truchas o de llenar tu cesta de pescados. A la mayoría de los «deportistas» le gusta seguir este proceso. No obstante, hay otro proceso conservador para preservar tanto la famosa trucha con su arco iris como el arte de pescar.

Hace un año me encontré con un club de artistas, no de usar brochas y oleo, ni ruedas y barro, sino de pescar y soltar. Además de ser artistas, eran conservadores-- especialmente de la naturaleza. Fuimos a un sitio en el estado de Idaho llamado el lago de Henery, no muy lejos de Island Park o de West Yellowstone. Llevamos allí todo el equipo particular necesario para el deporte: las botas de goma, la cesta, la red a mano, el juego de moscas artificiales, la caña ligera con su hilo fuerte, los anzuelos--con púas y sin púas, el cebo, el deseo de competir, y una regla para medir los peces que pescamos. Teníamos que seguir las reglas del club o no podríamos pescar. El día era bellísimo, el tiempo algo fresco, y el agua no muy fría. Si nos hubieras visto con las botas de goma, vadeando[1] en el agua, habrías creído que éramos «deportistas». El procedimiento era parecido a lo dicho anteriormente pero no igual. Sí, atamos el anzuelo al hilo de la caña ligera, pero al examinar nuestros anzuelos te darías cuenta de que muchos tenían púas pequeñas y otras no tenían púa alguna. La primera regla era, no enganchar fuertemente las truchas que comieran el anzuelo. Otra diferencia con el grupo de pescadores era que una vez comido el anzuelo, dejábamos hacer lo que quería la trucha sin tirar fuerte de la caña--regla segunda: no dañarle la boca. Así que no había grandes luchas aquel día. Por ejemplo, pesqué tres truchas por la mañana; tardé veinte minutos en atrapar cada una y ponerla en mi red a mano. Antes de sacar el anzuelo de la boca, sacamos fotos si era una trucha de más de doce pulgadas de largo(regla tercera), sin dejarla fuera del agua por más de unos pocos minutos (regla cuarta). En la última regla también verás una diferencia. Era de medir cada trucha y soltarla al agua otra vez para que creciera y creara otras truchas para el año entrante cuando vendríamos de nuevo para pescar y soltar.

En este ensayo, tú ya habrás notado que el autor destacó las técnicas que usó de sobremanera. Desde luego, tuvo que seguir la secuencia del proceso de pescar, pero no tuvo que hacer una narrativa pura, sino una paso por paso mezclado con la narrativa. Acuérdate de que las técnicas de la descripción de detalles, la comparación mediante la asociación, etc.--las preguntas del análisis--serán también eficaces para esta clase de ensayo.

• _____ **SEGUNDA ETAPA: REDACTAR**

ESCRIBIR UN ENSAYO TRANSITIVO DE PROCESO

Dejando atrás la primera etapa, tu materia acumulada, tu tema escogido, y los ensayos modelos ya leídos, estarás listo para redactar. Una de las cosas buenas de esta clase de ensayo es que tú eres conocedor del proceso y sabe adónde va y qué tiene que hacer para terminar. El desafio es de hablar del proceso desde el principio al fin sin hartar al lector. Para alcanzar esta meta, hay que identificar claramente el propósito del ensayo. Para este entonces, tú ya habrás identificado a los lectores potenciales para tu explicación; junto con eso ya habrás logrado una idea clara del por qué les interesaría a tales lectores tal discusión o qué beneficios recibirían al leer tu redacción.

TAREA DE REDACCION 10.1: REDACTAR UN ENSAYO DE PROCESO

Al redactar este borrador, pronto descubrirás que es muy fácil olvidarte de incluir ciertos pasos o detalles que son obvios para ti. Acuérdate de que tú, no tus lectores, eres el experto, y lo que te parece de poca importancia, podrá ser un gran fenómeno para otros. Si sospechas que hay la posibilidad de una omisión, desarrolla el papel de aficionado curioso que constantemente pregunta, «¿Por qué o cómo se hace eso?»

Es posible que te des cuenta del problema de los «pasos» principales. Al redactar un ensayo transitivo de proceso, las palabras como **primero, segundo, tercero,** tienen una tendencia alarmante de repetirse al explicar un proceso. Pero en este primer borrador no te fijes en estos detalles; tú puedes ajustar esto para hallar otras palabras o frases de transición durante la etapa de la revisión. En realidad, ellas te pueden servir para ordenar apropiadamente la sucesión de los pasos.

Otro factor en la redacción de un ensayo de proceso es el uso de la palabra «uno» de la frase «se hace», o del mandato de «Vd.» Algunos ensayos de proceso parecen ser un conjunto de órdenes de un sargento para con los lectores, «haga esto, y luego haga est'otro, etc.» Una pieza entera que continúa golpeando a los lectores con órdenes les producirá como un dolor de cabeza tipo «Excedrin»--uno se siente tan bien cuando cesa de palpitar. Recuerda que tú ofreces una explicación de un proceso para que los lectores lo entiendan, sin la necesidad de experimentararlo. Al evitar la sucesión de órdenes, se está evitando el aburrir a los lectores.

Otra manera para sobrevenir la tendencia de relatar en un tono de órdenes repetidas es el cambiar de pronombres. Tú puedes redactar un proceso en la primera persona (yo, nosotros), o en la tercera persona (él, ellos, ella, ellas), y puedes escoger entre el tiempo presente o el tiempo pasado, como se muestra a continuación.

PRIMERA PERSONA
Presente

TERCERA PERSONA
Presente

Una vez que tengo metido el tornillo en el hueco, tomo el destornillador y con una firme apretada empiezo a ...

El «disk jockey» pone el disco en el tocadiscos con su pulgar tocando el centro del disco, sube el pulgar, y el disco gira libremente.

(Esta forma sugiere que el escritor explica un proceso que él o ella hace con frecuencia)

(Un proceso habitual hecho por alguien que lo hace además del escritor.)

Pasado

Pasado

Yo sabía que al poner la y tabla sobre el charco no serviría, así que tomé el poncho y empecé a secar el agua con él. (Un proceso el hecho en el pasado por el autor.)

El alfarero puso fuego al horno lo calentó antes de introducir el comal crudo, una vez que se había subido la temperatura a un grado apropiado. (Un proceso hecho en pasado por otra persona que el autor.)

La manera más fácil de trabajar con los pronombres es seguir un orden lógico en la sucesión de acontecimientos que te ayudaron a aprender un proceso particular o los pasos que tú seguías habitualmente al hacer la tarea.   Aunque en este momento no te parecen importantes tales consejos, mientras escribes, tendrás el gozo de sentirte como un cocinero famoso o un profesor de autoescuelas.   Relájate, lleva contigo a tus lectores, deja que te vean actuar, y deja que fluya tranquílamente de tu pluma la explicación del procedimiento.

PASO UNO: EL SEGUNDO BORRADOR

Ya hecho el primer borrador, revisa particularmente los temas siguientes pensando en las preguntas ofrecidas:

1. **El enfoque:** ¿Acaso he tratado de explicar demasiado o sin embargo, no lo he hecho suficientemente? ¿Carecen de contenido los pasos o las etapas del proceso, como una lista de la compra? ¿Acaso lo he hecho solamente en la forma «cómo hacer una cosa»?El enfoque tiene mucho que ver con la forma física del ensayo. Si los párrafos se ven pequeños y cortos, puede ser que tendrá el efecto de una lista de quehaceres. Por otra parte, quizás se vea demasiado técnico con una cantidad enorme de detalles y tenga partes demasiadas extensas. En el primer caso, hay que desarrollar mejor el relato o revisar tu propósito para decidir si es bueno todavía. Si tu ensayo es demasiado extenso, es la hora para reducirlo. Determina si todo lo que has escrito se relaciona directamente con tu propósito; si no, quita lo que sobra.

2. **La organización:** ¿Acaso he seguido el proceso paso por paso sin omitir una etapa importante? ¿Cómo ayudo al lector a cambiar de paso a paso y cómo muestro la relación entre los pasos?

3. **El apoyo:** ¿Acaso tengo bastante explicación para cada paso? ¿Es que he demorado bastante el transcurso del ensayo para explicar el «por qué» además del «qué»? ¿Incluyo ejemplos, incidentes, y detalles que explican y proveen un interés? ¿Incluyo ejemplos de lo que no se debe hacer o lo que pasaría si no siguiésemos fielmente cada paso? ¿He clarificado todo los términos técnicos para que no se confundan los lectores que tienen pocos conocimientos del tema?

4. **Las introducciones:** ¿Será provechoso para los lectores leer la explicación? ¿Cómo he usado la introducción para crear el interés al principio del ensayo? ¿Es que mantengo el interés durante todo el ensayo?

5. **Las conclusiones:** Y la conclusión, ¿qué hace para el enfoque del ensayo? ¿Refuerza de nuevo el propósito para los lectores? ¿Es que la conclusión abarca el sentido o el pensamiento del ensayo total y no solamente del último paso?

PASO DOS: EL TERCER BORRADOR

Habiendo revisado el segundo borrador con relación a los temas presentados anteriormente, puedes seguir adelante redactando el último borrador. Pon particular atención a los comentarios de tus compañeros de clase en esta etapa.

PASO TRES: LA TECNICA *DELFI* Y LOS COMPAÑEROS

Comparte tu redacción con los otros miembros de la clase. Pero antes, acuérdate de desempeñar el papel de un lector interesado pero que no conoce casi nada del tema--quien te hará las preguntas siguientes mientras lee tu ensayo:

1. ¿He presentado el proceso de una manera interesante y clara?

2. ¿Qué preguntas me haría el autor sobre el proceso después de leer el ensayo?

3. ¿Qué cosas acerca del proceso me gustaría saber si es la primera vez que lo encuentro?

4. ¿Hay errores de gramática que no me dejan entender cómo sigue el proceso?

PASO CUATRO: EL BORRADOR FINAL

Después de considerar los consejos de tus compañeros, apártate de los detalles mecánicos y compara los otros borradores con el propósito de descubrir repetidos problemas.

También fíjate en el estilo y las preguntas básicas:

1. ¿Colocas una cosa después de otra sin fijarte en cosas de posible interés para el lector?

2. ¿Desempeñas el papel de orador o escritor en tu redacción?

3. ¿Es tu pensamiento tan fecundo que no sobrecargas los sustantivos con más de un adjetivo?

4. ¿Tienes tú el hábito de eliminar lo supérfluo?

5. ¿Necesita tu redacción muchas comas--es decir--requiere el estilo cortado?

6. En buscar un léxico más rico, ¿evitas los neologismos--los anglicismos?

7. ¿Has usado un tono más o menos formal a través de todo la redacción?

8. ¿Cómo reflejas este tono en el título de esta redacción?

EJERCICIO DE DIVERSION EN LA CLASE:

Redactar un ensayo de proceso basado en el dibujo:

Cómo robar un elefante:

(Véase la siguiente página.)

Profesionalismo

Uno de los robos más extraordinarios de todos los tiempos fue perpetrado en el zoológico de Copenhague, Dinamarca. Varios individuos se llevaron nada menos que a un joven elefante llamado **Sonja.** Los ladrones, con lujo de profesionalismo, hicieron primero una gran abertura en un seto, después fracturaron una puerta y se apoderaron del pequeño paquidermo, de 300 kilogramos de peso, el cual estaba encerrado junto a dos elefantes adultos. Sonja había sido traído desde la India y alojado en cuarentena en ese zoológico para ser entregado más tarde a un circo.

VISION, 16 de noviembre de 1981

CAPITULO 11
¿CUAL ES TU PERSPECTIVA?
UNA COMPARACION TRANSITIVA

PRIMERA ETAPA: LA INVENCION

Espera un momento y piensa. Los testigos eminentes, los que relatan lo que han visto, son los reporteros más responsables y fieles, ¿verdad?. Esto no es cierto de acuerdo con la opinión de los policías. Ellos consideran que la mayoría de los testigos no ven las mismas cosas, ni con la misma perspectiva ni con la misma exactitud, aunque dos de ellos vieran el mismo suceso al mismo tiempo y a la misma distancia. Para ilustrar este punto recontamos una fábula vieja acerca de unos ciegos y un elefante.

Erase una vez seis sabios ciegos en la India nacidos, que fueron a observar un animal grande, el gran elefante, de su pais nativo. El primero, al acercarse al gran paquidermo, tambaleándose,[1] llegó a dar con el costado tan ancho y llano. Al tentarlo empezó a rebuznar como un burro, <<¡Dios mío, el elefante parece un muro!>> El segundo, sintiendo el colmillo,[2] gritó, <<¡Ea pues! ¿qué tenemos aquí?>> mientras con los dedos a conocerlo avanza <<me es bastante claro, que esta maravilla elefantina, ¡es como una lanza!>> El tercero se acercó al animal, y habiendo tomado la nariz serpentina en sus delicadas manos, opinó que el elefante era como una gran culebra.[3] El cuarto, con grandes ganas, extendió la mano y, tocando una pierna, dijo, <<¡Esto no es nada tierna. Parece que nuestro buen amigo no es de mármol sino como un árbol!>> El quinto, que al percance[4] tocó una oreja, dijo, <<¡Caray, aún el ciego más rico sabrá que el elefante parece un abanico!>> Tan pronto como el sexto había tentado la cola meciente, dijo en una voz cada vez más creciente, <<Lo que debe estar en boga, es de admitir que el elefante parece una

[1] Tottering
[2] Tusk
[3] Snake
[4] By Chance.

soga!>> Después de su examinación, el grupo se reunió y disputaron toda la noche, ofreciendo en voces altas, la opinión fija recibida de acuerdo a lo que habían sentido. Aunque todos tenían parte de la razón, todos no la tenían en su total.

Aunque los «testigos» de la fábula no tenían la ventaja de la vista, todos usaron los otros sentidos para llevarse a una supuesta verdad en cuanto a la composición del paquidermo, aunque tal cosa no ocurrió. Consideremos el problema desde otro punto de vista. Supongamos que miramos por la ventana del aula y vemos un árbol. Ahora, es natural pensar que tú le atribuirás al árbol los mismos aspectos y rasgos que los otros miembros de la clase lo atribuirán también. Imagínate nuestra sorpresa al enterarnos de que no lo hacemos todos de la misma manera. Digamos, por ejemplo, que un estudiante de arte ve el árbol. ¿Qué vería tal individuo? La forma de las ramas le sugerirán otra forma que la misma forma del árbol; la textura de la corteza del árbol estimularía sensaciones al tacto; la silueta de las ramas oscuras contra el cielo azul podría recordarle a nuestro alumno la importancia de los contrastes en los colores; el movimiento de las ramas y las hojas podría ayudar al observador a recordar otros movimientos rítmicos de la naturaleza. Si una estudiante de botánica viese el mismo árbol, ¿vería ella las mismas cosas? Es posible, pero habrá una diferencia. La estudiante de botánica clasificaría el árbol de acuerdo con su clase, recordaría ciertos datos sobre su especie según lo que ha leído en los textos, empezaría a imaginar cómo se vería un bosque lleno de este árbol, compararía la proporción de crecimiento de éste con los otros árboles circundantes, calcularía los centímetros de tablas que obtendría de la cosecha de tales árboles, y podrá determinar si el árbol se ve enfermo. Esto sucedería con un árbol, o con muchos árboles hasta descubrir que aunque hay un solo objeto para observar, se lo puede considerar a través de muchas perspectivas.

Al pensar en la cuestión de perspectivas, también debemos considerar a nuestros lectores y su punto de vista. Hay que organizar tu ensayo alrededor de los propósitos que gobernarán tu perspectiva. Lo organizarás de acuerdo con lo que ellos necesitan saber, lo que tú quieres compartir con ellos, lo que consideras importante, o lo que les será más útil a ellos.

PASO UNO: ESTRATEGIAS DE ORGANIZACION

Cuando se habla de organización, tendrás conocimiento de cuatro estrategias, tres principales y una síntesis para organizar tu ensayo de comparación. De las cuatro, la primera se subdivide en dos partes, la de una unidad temática a otra, y la de la estrategia alternante--de una parte a otra. La segunda es una estrategia de destacar primero las semejanzas y luego, en la tercera, se destacan las diferencias. El último es una síntesis de los tres.

ESTRATEGIA 1: DE UNA UNIDAD TEMATICA A OTRA

En la estrategia de dos partes, enfocas la atención del lector en una idea sobre un tema antes de seguir a otra. Si utilizas esta estrategia, hay que recordar que cuanto más puntos hay para clarificar, tanto más trabaja el lector recordando los puntos al pasar a la otra parte--la siguiente idea. Este procedimiento funciona mejor con ensayos de comparaciones amplias o contrastes cortos en los cuales sólo se examinan unos cuantos puntos de vista. Esta opción provee un enfoque estrecho y un orden claro de hechos, dos cosas que les gustarán a los lectores.

ESTRATEGIA 2: DE UNA PARTE A OTRA--
EL DESARROLLO PARALELO

Si vas a desarrollar varios puntos de vista, de vez en cuando, les ayudarás a tus lectores a poder entenderlos si los tomas uno por uno y los desarrollas a través de dos perspectivas, usando un método que llamamos, **la estrategia vaivén.**[1] En este procedimiento, tú presentas semejanzas o diferencias a través de una serie de paralelos que los lectores podrán fácilmente seguir y recordar. Cada perspectiva de información sobre un tema de comparación tiene que balancearse con otra perspectiva semejante a otro tema que examinas Al utilizar esta estrategia, todas las ideas que se presentan, reciben refuerzo inmediato de ambas perspectivas y así los lectores creerán participar en la colección de datos mientras se desarrolla el ensayo.

[1]jigsaw

La mayoría de los temas pueden compararse usando la estrategia paralela en una de las tres manifestaciones generales del desarrollo **vaivén**. La estrategia que escoges, depende de gran manera de la composición del tema en cualquier parte de tu redacción. Para ensayos más cortos sería mejor escoger solamente una estrategia y emplearla a lo largo de todo el ensayo. Para ensayos más grandes, sería mejor variar el procedimiento. Podrías utilizar una mezcla, una combinación de las estrategias disponibles.

ESTRATEGIA 3: ALTERNANDO LAS COMPARACIONES ORACION POR ORACION

El desarrollo <<vaivén>>, oración por oración, requiere que trates semejanzas o diferencias, una por una, manteniendo la comparación entre una cosa balanceada inmediatamente con el paralelo de la perspectiva opuesta. Esta clase de organización se usa con **comparaciones cortas**; es una manera económica de tratar un tema con pocos detalles.

ESTRATEGIA 4: ALTERNANDO LAS COMPARACIONES MEDIO-PARRAFO POR MEDIO-PARRAFO

El desarrollo **vaivén**, medio-párrafo por medio-párrafo, sigue los mismos principios explicados en el párrafo anterior, pero aumentamos el plazo en donde se consideran las dos perspectivas. Por ejemplo, en la primera parte de un párrafo se habla de varios detalles que explican una de las cosas por compararse. En la otra mitad del párrafo, se considera la perspectiva opuesta, asegurándose de mantener un orden paralelo. La forma de medio-párrafo, debidamente balanceada, se les hace mucho menos limitado a los lectores, aunque es especialmente importante llamarle la atención al lector acerca del cambio a medio párrafo por medio de una frase de transición.

ESTRATEGIA 5: DE LAS SEMEJANZAS A LAS DIFERENCIAS

En la tercera alternativa tú hablarás de las semejanzas en la primera mitad del párrafo y las diferencias en la segunda. Es bueno empezar con las semejanzas para que los lectores conozcan los dos objetos, las dos ideas, o las dos personas del tema por aclararse. Después, puedes tratar las diferencias. Usarás un orden alternante mientras tratas cada semejanza o diferencia. Por ejemplo, podrías usar esta estrategia para comparar dos dramaturgos españoles, Lope y Calderón. Las semejanzas serían que los dos eran de Castilla la vieja, estudiaban en la Universidad de Alcalá de Henares, tenían sus amoríos y duelos como los demás jóvenes, servían en el ejército, entraron en el sacerdocio, escribían dramas de capa y espada, y piezas religiosas. Por lo contrario, las vidas propias de cada uno diferían en ciertos aspectos. Lope nacería casi cuarenta años antes que Calderón, su producción dramática sería el cuadruple de la de Calderón, pero su producción de piezas religiosas no se compararía a la del «monstruo del ingenio», Don Pedro.

PASO DOS : LA SINTESIS

A muchos escritores les gusta emplear una síntesis meticulosa de las cuatro estrategias. Esta práctica fomenta el interés y asegura la eficacia de tu presentación. Si escoges este procedimiento, será inalterable donde se aplica la división de un total a otro, o donde se alterna al hablar de una perspectiva y después de otra.

Para que tengas una idea de como se aplican estas estrategias de organización, aquí hay dos ensayos como ejemplos. El primero, escrito por una estudiante, habla de una ciudad extinta en el estado de Arizona.

MODELO--La Ciudad de Cobre

Las cosas eran diferentes hace cincuenta años. La economía de Morenci era próspera y cómoda, aunque dependía de algo que se iba pronto a acabar--el cobre. Los mineros tenían sus coches nuevos y bailaban con sus novias cada viernes con la música «country» en el bar <<Rueda de carreta>>. El cobre valía muchos dólares en aquel entonces, y el pozo de la mina de Morenci tenía gran cantidad de cobre. Los trabajadores y las máquinas funcionaban día y noche como los molinos del Quijote. Pero en este caso, eran como molinos en un huracán; giraban a una alta velocidad extrayendo el metal valioso de la tierra mientras el precio se mantenía alto. Una estación con una bomba de hierro, puesta en el fondo del pozo, rugía sin cesar, mientras mantenía seca la mina y recolectaba el cobre disoluble que se filtraba al fondo. Unas grúas alacranes[1] con sus dragas de arrastre devoraban toneladas del mineral en bruto y lo depositaba en vagones pequeños. Una sola mordida llenaba un vagoncito a su capacidad total. Unas terrazas cortadas distintamente sostenían la vía en zigzag de la red de ferrocarriles para llevar el mineral en bruto desde los niveles altos hasta el fondo para ser sometido al proceso especial de extracción. El fundidor alto, una criatura inmortal, resoplaba imperecedero[2] a todas horas del día y de la noche, tragando por su boca de mental los vagoncitos llenos de mineral en bruto y escupiéndolos vacíos al otro lado. Pesadas hojas ánodas[3] compuestas de cobre y rastros de oro y cadmio viajaban del fundidor en líneas de transmisión para ser a fuerza amontonadas en grandes vagones. A los mineros, las hojas ánodas eran coches nuevos y jarros de cerveza.

El precio de cobre cayó de repente. Morenci se quedó tan vacío como el caparazón de un cangrejo ermitaño. Ahora, algunos coches viejos se oxidan[4] en el callejón detrás del bar «Rueda de carreta», a cuya entrada todavía

[1] crablike swivel-dredges

[2] imperishably

[3] anode plates

[4] rust

hallamos una rueda de carretas muy deteriorada y curtida[1] por la intemperie.[2] En la primavera, el edificio ruinoso hace de anfitrión a un baile de viento aullador para los animales de la noche, los roedores y las arañas. El foso, de tamaño trece por cinco kilómetros, yace[3] con la boca abierta, exponiendo tus dientes podridos y suaves y tus encías infectadas de verde. La estación de la bomba abandonada se ahoga irremediablemente y sin hacer ningún ruido en un lago hecho verde por el cobre todavía en el fondo del foso. Desplomándose y hundiéndose, las terrazas deformadas abandonan su gloria a las fuerzas de la gravedad y de la erosión. Unos canales verdes, cavadas por el agua ácida de sulfuro de cobre, manchan y zanjan las terrazas. Los restos de rieles oxidados y vagoncitos quebrados están esparcidos desordenadamente por todos lados. El monstruoso fundidor yace derrotado y rateado, su chimenea vacía, su horno frío. Ya no hay más hojas ánodas, ni más carros nuevos. Ya no hay bailes cada viernes por la noche.

MODELO--El Mar del Diablo

Los investigadores del fenómeno «El triángulo de las Bermudas» han notado durante mucho tiempo la existencia de otro sitio misterióso en otro lugar de los océanos del mundo que se encuentra al sureste de Japón. Está localizado entre Japón y las islas Bonin, especificamente entre Iwo Jima y la isla Marcus, con una reputación que indica un peligro especial para barcos y aviones. No se sabe si los barcos se han perdido a causa de unos volcanes suboceánicos o de «Tzunamis» (marejadas) inesperadas. Solo sabemos que esta zona, titulada a menudo «El Mar del Diablo>» goza, por lo menos oficialmente, de una reputación más siniestra[4] que <<El Triángulo de las Bermudas>> en que los oficiales japoneses la han proclamado una zona de

[1]weather--beaten
[2]bad weather
[3]lies there
[4]diabolical

peligro. Esta acción resultó después de una investigación llevada a cabo por un barco japonés en el año 1955.

Los pescadores japoneses han temido «El Mar del Diablo» desde hace mucho tiempo. Ellos creían que estaba habitado de diablos, demonios, y monstruos que asían[1] los barcos de los imprudentes. Aviones y barcos han desaparecido en la zona durante un período de muchos años, pero durante la era moderna, cuando Japón ha estado en paz, nueve barcos modernos han desaparecido en el período entre 1950 y 1954, con sus tripulaciones que contaban cientos de personas, en circunstancias parecidas (búsquedas extensivas por aire y por mar, falta de restos de un naufragio o restos de aceite) a los acontecimientos de «El Triángulo de las Bermuda».

«El Triángulo de las Bermudas» y «El Mar del Diablo» comparten una coincidencia sorprendente. «El Triángulo de las Bermudas» incluye, casi a su límite oeste, la longitud 80 grados oeste, una linea donde el norte astronómico y el norte magnético coinciden; se alinean tanto que la aguja de la brújula indica el norte astronómico. Cuando estos mismos 80 grados cambian su designación al cruzar los polos, se convierten en los 150 grados este. Desde el polo norte, esa línea sigue hacia abajo, pasando al este de Japón, y cruza el centro de la zona de «El Mar del Diablo». En este punto del centro de «El Mar del Diablo», la aguja de la brújula también indica el norte astronómico y el magnético al mismo tiempo, igual que lo hace en el límite oeste de «El Triángulo de las Bermudas» al otro lado del mundo.

Las pérdidas inexplicables en este equivalente japonés de «El Triángulo de las Bermudas» inspiraron al gobierno Japonés a patronizar una investigación científica, lo cual se llevó a cabo en 1955. Esta expedición, con científicos recolectando datos mientras su barco, el Kaiyo Maru No.5, navegaba por la zona, terminó con un fin espectacular--¡el barco científico, junto con su tripulación de científicos, repentinamente desapareció sin dejar huella alguna.
[1]grabbed

TAREA DE REDACCION 11.1:   LA TECNICA *DELFI*-- Compartir un borrador con las compañeras de clase

Tanto en los otros capítulos como en éste, tú necesitas unas oyentes con quienes comprobar tus ideas. Tú, como el autor, debes hacerlo en tu grupo pequeño según el proceso de comprobar que ya se ha explicado arriba. Te dará un sentido mucho más claro de tu progreso. Después de escribir sobre un tema, provee copias de tu borrador y compártelo con los otros miembros de tu grupo de redacción, las especialistas de la Técnica *Delfi*. Para reaccionar bien, ellos se acordarán de las preguntas que se dan a continuación.

1. ¿Qué punto quiso hacer el autor con esta redacción?

Acuérdate de que no basta sólo comparar dos cosas; esto lo hacemos diariamente sin pensar en ello. ¿Cuál es la idea principal o el propósito para llevar su perspectiva a los lectores? Es probable que quieras escribir esta idea en pantalla de tu procesador de palabras o en una hoja para usarla luego durante el proceso de revisión.

2. ¿Cómo balanceó las perspectivas nuestro autor?

De vez en cuando, tú estarás confuso. Después de unos párrafos, tú notarás que lo escrito se concentra en sólo un sentido de la presentación. Has olvidado de dar igual espacio al otro. Si te pasa esto, habrás de considerar de nuevo tu materia para ver si lo que considerabas de bastante valor para comparar, en verdad, vale la pena hacerlo.

3. ¿Tiene un plan para la organización este ensayo? ¿Cuál es?

Aunque cambies de opinión después del borrador inicial, hay que fijarte de antemano en la estrategia de organización que utilizarás al redactar tu ensayo. Sin duda, tomar la decisión, te ayudará a empezar a escribir el ensayo con un propósito fijo. Es posible que estés haciendo un contraste entre las dos vistas de un lugar particular durante dos estaciones diferentes, y tus temas sería lo esperado; hablarías de los cambios de clima, y las actividades que se hacen durante esas temporadas. Pero, ¿cuál de estos va primero? A esta esta pregunta, quizás, te siga otra; ¿Cuál es la importancia relativa de cada punto? La estrategia usual en este caso es de empezar con lo menos importante y avanzar hacia lo más importante, dándoles a los lectores un sentido de dirección y de énfasis creciente.

Después de leer tu borrador a tus colegas en el grupo, ellos te responderán con sugerencias. Te las escribirán en tarjetas de ayuda. Podrás usarlas al revisar el borrador segundo antes de entregarlo al instructor para recibir su critica y tu nota para el borrador final, y desde luego, tendrás que responder en igual manera a los otros cuando estos lean sus borradores.

• _____ **SEGUNDA ETAPA: REDACTAR**

Después de compartir ensayos con tus compañeros de clase y estar satisfecho con tu plan y su probable desarrollo, estarás listo para redactar el segundo borrador. Como siempre, podrás agotarte escribiendo. Escribe una comparación o un contraste, y mientras escribes, si descubres que no tienes bastante para justificar una comparación, sigue escribiendo de todos modos y haz algunas notas en los márgenes como recuerdos. Después de terminar el borrador, querrás revisar tus notas y tomar una decisión de buscar o no buscar más datos. Ya que tú crees que hay suficiente materia con que comparar, continua y termina el borrador.

• _____ **TERCERA ETAPA: LA REVISION**

No te olvides de revisar la gramática, la organización, el estilo, etcetera, en más de dos borradores para tener éxito en tu redacción. También podrás examinar los elementos que se presentan a continuación:

1. **EL ENFOQUE:** ¿Tiene este borrador un enfoque bastante estrecho para que el llector sepa pronto el propósito del ensayo? ¿Está bastante clara la situación para que entienda el

lector lo que pasa?   ¿Les has señalado las comparaciones y/o los contrastes en vez de sólo decirles que los hay?   Querrás usar *QUEVEDO*™para comprobar el largo de tus párrafos.   Si son cortos, acaso tienes el propósito de estimular el ánimo de ellos--a que tengan ánsias--cuando sienten la rapidez del ritmo. Debes averiguar si hay un movimiento demasiado rápido desde una idea a la siguiente.   Si es así, indica que tú los has informado bastante con demasiado información y detalles.   Al contrario, si tú descubres que tu ensayo se compone de párrafos, la mayoría de las cuales son largos, debes fijarte en el balance y el enfoque: ¿Has hablado demasiado sobre un punto y has dejado el otro *flaco*?   ¿Habrás combinado demasiadas cosas para que tu lector sepa con facilidad en lo que se enfoca?

2. LA INTRODUCCION Y LA CONCLUSION: No es nada sorprendente que no te hayas fijado en introducir o concluir el ensayo.   Ya es hora de crear un párrafo eficaz al principio y otro al fin para que tengas éxito.   Debes repasar la sección sobre las introducciones del capítulo tres y la del capítulo cuatro sobre las conclusiones para ideas posibles sobre cómo reforzar tus primeros y tus últimos párrafos.

CAPITULO 12

UNA CLASIFICACION TRANSITIVA
COMO IDENTIFICAR CON TERMINOS GENERICOS

Identifica la lectura que tú has hecho durante el año pasado. Quizás leiste una biografía, una novela, un libro de turismo; quizás la falta de tiempo o el ejercicio de su agrado lo limitaron a revistas o a periódicos. No obstante tus preferencias, se encontrará usando términos genéricos o categorías para identificar la clase de lectura que has hecho. Esta manera de pensar se llama *clasificación*: tú seleccionas un tema--en este caso, **el leer**--y arregla sus partes en grupos según un elemento común compartido por cada otro miembro del grupo. Se puede clasificar casi cualquier tema general que pueda dividirse en partes o en clases. En verdad es una cosa que se hace diáriamente, a lo largo de toda la vida.

Al ser humano, le gusta clasificar. Hablamos de la poesía lírica y la dramática; las farsas y las comedias; los autos económicos, los del Gran Pris, y los de lujo; y muy a menudo, de los hombres buenos y los hombres malos.

Por ejemplo, es posible que antes de irse al supermercado, tú clasifiques la comida que piensas comprar en grupos de carne, fruta, productos lacteos, legumbres, pasteles, etc. Si tú eres una person pulcra y ordenada, y has coleccionado algunas revistas, las ordenarás según las especialidades que muestran, tal como novedades, deportes, jardines, o arte culinaria. Una maestra de música vocal clasificaría a sus estudiantes según sus voces: soprano, mezzo-soprano, alto, tenor, barítono, y bajo. Un maestro de ciencia política clasificaría a sus estudiantes según sus preferencias políticas: radical, liberal, moderado, revolucionarios, y quizás los *confusos*. La estudiante estará contenta de clasificar solamente a los hombres que se ven en la escuela: macho, simpático, guapo, mediano, y *muchas gracias, pero..*

Lo importante es que se puede dividir en varias clases cualquier tema según el punto de vista del autor y su propósito en redactar. Por ejemplo, una estudiante, en su ensayo acerca de los pasatiempos raros, habló de coleccionistas de tiras cómicas en un párrafo. Ella comenzó con un principio normal de los ensayos de clasificación para hacerles saber a sus lectores adónde va el párrafo siguiente y para presentar las categorías dentro de las cuales ella pone sus coleccionistas.

Otros fascinadores coleccionistas raros son los de las tiras cómicas. Estos coleccionistas, sean de 16 o de 60 años, parecen ser un grupo de peludos despeinados, distraídos y desorgani- zados. Pero al exami- narlos, verá que sus hábitos los ponen en uno de cuatro grupos principales: los Anti- cuarios, los Mercenarios, los Idolatras, o los Terminadores Compulsivos. Se verán,desde Nueva York hasta Honolulu, revolviendo y explorando las cantidades de viejas tiras cómicas en las tiendas que las venden.

Oración principal que incluye una transición del párrafo anterior y anuncia el tema de los coleccionistas de tiras cómicas. Estas oraciones dan el fondo y ambiente y la descripción general de los coleccionistas mientras establece las cuatro categorías.

En el ensayo de clasificación, el sujeto es, por lo general, plural--no es un estudiante o una estudiante, sino estudiantes, no un auto, sino automóviles, y en el caso de las tiras cómicas mencionadas, coleccionistas. Cada sujeto plural se divide según un solo principio de la clasificación. La escritora de ensayo de los coleccionistas no recibió sus categorías de su maestro; las descubrió. Entonces creó los títulos para identificarselos a su lector. En los párrafos que siguen al que presentamos arriba, la escritora presentó las cuatro clases de coleccionistas junto con los detalles que los describiera. Ella también introdujo cada clase mediante el uso del título que la perteneciera, como parte de cada oración de la sección donde la describió.

Descubrir y titular es un proceso que usan muchos autores en redactar un ensayo de clasificación. Por ejemplo, un joven describió a los aficionados al baloncesto en un colegio. El escritor toma unas categorías creadas por un amigo--el entrenador--y las usa como sus propias categorías. Nos las menciona al principio para que las tengamos en mente durante toda la obra y para que tengamos la esperanzas correctas. Mientras lees tú, fíjate de la manera en que arregla las categorías: él presenta un grupo con su descripción, entonces el siguiente, y el siguiente. Fácil, ¿no?

Un entrenador de colegio que conocí siempre insistía que había tres clases de aficionados de baloncesto: *Los Amigos*, *los Romanos*, y *los Paisanos*. El sabía bien que en la comedia, *Julius Caesar*, de Shakespeare, el dramaturgo inglés, según su carácter, Marcos Antonio, estos terminos eran tres maneras de hablar de la misma persona. Pero para Julio Cabrera ellos representaban tres grupos distintos. *Los Amigos* eran la mayoría de los aficionados. A ellos les gustaba ver el juego, no sabían mucho de él, y nunca criticaban al entrenador, respaldaban al equipo sin importarles si salían victoriosos o perdían, y comían una gran cantidad de palomitas. Buena gente. No daba lata alguna. Cabrera tenía que cuidarse de *los Romanos*. Eran roncos, aún rencorosos. Sabían que Julio era un entrenador tonto, junto con los árbitros ineptos y sus jóvenes jugadores--también ineptos. Era más. Ellos se lo anunciaron a todo el mundo--en voz alta:

"¡Deja que juegue Gonzáles!"

"Eh, Macías, ¿cuánto te pagan?"

"¡Menso García! ¡Tuviste a alguien abierto para un lanzazo!"

Después de dos horas de tal abuso, mi amigo buscaba el solaz de una buena botella de cerveza y un grupo pequeño de *Paisanos*. Los paisanos eran otros entrenadores quienes sabían que Cabrera hacía milagros. Hacía mucho con jóvenes sin talento; ellos entendían su estrategia; simpatizaban con su decisión de no permitir que jugase González--el testarudo y presumido incapaz. Y por el resto de la noche, por lo menos, ellos--*los paisanos*--le ayudaron a olvidar las palabras más temidas: "Venimos para sepultar a Cabrera, no a alabarlo."

Claro está, que este ensayo de clasificación se basó en una experiencia personal. Representa el punto de vista de un hombre--el entrenador Cabrera--y no tendrá nada que ver con la experiencia de otra persona. Eso está bien. El autor al procurar darle al lector el punto de vista de Cabrera acerca de los aficionados, no quería decir que todos los entrenadores de todos los colegios sostenían las mismas ideas en cuanto a los aficionados. Solo quería clasificar a los aficionados según los clasificó Cabrera. El lo hizo a base de una sola acción, su simpatía hacia él durante una partida. Usó un principio singular para clasificarlos.

• **PRIMERA ETAPA: LA INVENCION**

PASO UNO: LA ESTRUCTURA

Además de haber un solo principio bajo el cual se clasifica algo en el ensayo, una redacción que clasifica tendrá un principio de desarrollo que regirá el orden que usa el escritor para hablar de cada diferente clasificación Lo más común es el arreglo: <<lo más a lo menos>> o **vice versa**. Tal modelo usará un número (por ejemplo, el número máximo, el mínimo o más pequeño) o calidad (por ejemplo, lo más serio o lo más peligroso o lo más bello, lo menos serio, lo menos peligroso, o lo menos bello) o tamaño (por ejemplo, lo más grande, lo más pequeño) o importancia (por ejemplo, lo más importante, lo menos importante).   A veces, se conectará el arreglo principal a un modelo numerado que anuncia que las clases se mostrarán en secuencia, tal como, por ejemplo, «La primera clase, y la de más importancia es.»«Segundo en el orden de importancia tenemos....»

PASO DOS: LAS PARTES DE ESTE ENSAYO

Un ensayo de clasificación empieza con una introducción que anuncia el principio de clasificación. Una explicación de cada clase--1, 2, 3 y etc., seguirá la introducción en la cual se clarifica el principio del arreglo. La conclusión resume las implicaciones del principio de la clasificación.

Más allá de aprender la forma general de los ensayos de clasificación, queremos que tú entiendas que la razón primordial es describir como es cada clase. Los ejemplos mostrados anteriormente te habrán ayudado a conocer la forma básica de clasificación.

Tú te habrás fijado en que la clasificación es muy parecida a la comparación y al contraste. Empero, en un ensayo de comparación y contraste, lo que intenta el autor es mostrar como dos cosas son semejantes o diferentes. Mientras, en una clasificación, el autor agrupa muchas cosas semejantes o muchos grupos que comparten características comunes. Está implícito en la organización que las cosas individuales difieren de otras cosas individuales del mismo grupo por ser ambas de diferentes clases. El enfoque de la presentación, sin embargo, está en las partes que componen la clase y no en hacer un contraste de ellas punto por punto.

Tú puedes pensar en una clasificación como otra palabra para agrupar o distribuir. Si tú, por ejemplo, tienes una gran cantidad de cosas, demasiadas para tratarlas individualmente, tú las agrupas, las distribuyes, o las clasificas en un pequeño número de clases según algún principio de semejanza que te den sentido a tu ensayo.

Es muy parecido a distribuir el correo. Cuando pones una carta en el buzón, tú tomas el primer paso en clasificarla--si va a una provincia fuera de la ciudad, la echarás en la ranura "Fuera de la ciudad" en vez de echarla en la que indica "Locales" o "La ciudad." Un funcionario de correos sigue la tarea de clasificar mientras distribuye la bolsa de "Fuera de la ciudad" cuando distribuye las cartas a otras bolsas con etiquetas tales como Atlántico, Este, Oeste, Estados Unidos, Europa, Sud América, Inglaterra, Francia, Suecia, China, Kona, Hilo, Albuquerque, Costa Brava, Costa Azul, Baleares, Antillas, etc. Cuando una bolsa de cartas llega al correo de Albuquerque, está distribuida según unos números de clasificación que aparecen en la dirección misma. Hasta entonces te es importante el nombre del individuo destinatario de la carta. No te convendría a una funcionaria de correos un sistema alfabético, A, B, C, Ch hasta Z, si tenías la necesidad de clasificar y distribuir cartas según sus destinaciones. Es decir, hay que escoger la mejor manera de clasificar para formar clases que tengan el mayor sentido para la tarea.

Una vez que tengas clases con sentido, necesitas asegurarte de que sean igualmente generales. No hubiera servido el propósito de distribuir el correo a una ciudad, Alburquerque-- porque hay una en España--si no hubiese habido una clasificación para Estados Unidos.

Tus categorías deben incluir lo máximo posible. Deben tratar la máxima información en sus sub-categorías que sea posible. Por ejemplo, si mandas tus cartas a los miembros de todas las religiones en Colombia, quizás les llegarían, quizás no. Una razón sería porque la destinación es demasiado general. Lo importante sería escoger categorías razonables que sirvan los requisitos de tu tema.

En suma, manten en mente cuatro estrategias mientras redactas tu clasificación. Hay que crear clases con sentido y arreglarlas a un nivel general, para que sean bastante generales. Mientras tanto, al mismo tiempo, tienen que ser inclusivas. Pero al fin, se espera que no se sobrepongan--que sean exclusivas también.

• _____ SEGUNDA ETAPA: REDACTAR UNA CLASIFICACION

PASO UNO: EL PRIMER BORRADOR

Ahora redacta un ensayo que desarrolas mediante la clasificación. Puesto que casi cualquier tema puedes clasificarse, lo que te guste basta. Si lo deseas, puedes clasificar una cosa en plural, tal como maestros, actuaciones, la policía, libros, etc. Si no te gustó esa estrategia, usa una de la siguientes preguntas:

PASO DOS: PREGUNTAS GUIONES

1. ¿Cuáles son las maneras para obtener el conocimiento?

2. ¿Cuáles son las maneras para manipular a otros?

3. ¿Cuáles son las maneras para dar gozo a otros?

4. ¿Cuáles son las maneras para vivir sin trabajar?

5. ¿Cuáles son las maneras para ganar mucho dinero?

Vas a recordar que si tú creas y desarrollas tus propias clases, hay que anunciarlas en las oraciones primeras. Cuidado en hacerlas bastante generales pero al mismo tiempo que no se sobrepongan por ser tan generales.

• TERCERA ETAPA: LA REVISION

PASO UNO: EL SEGUNDO BORRADOR

Para refinar el ensayo en un segundo borrador, redacta una introducción que anuncie el principio de clasificación que usarás junto con una pequeña explicación de cada clase perteneciente a ese principio. Seguirás con lo del primer borrador--las agrupaciones separadas de cada clase que comparta los mismos razgos. Y, terminarás con una conclusión que destaca las implicaciones del principio de clasificación que mostraste en la introducción.

PASO DOS: EL TERCER BORRADOR

Ya que tú has puesto un orden al tema que escogiste, deja que un computador te ayude a poner en mejor orden el borrador apenas escrito. Para alcanzar ese buen orden y llegar a un estilo mejor, además de los servicios de un procesador de palabras, utiliza un comprobador de estilo como *QUEVEDO*™.

CAPITULO 13

UNA ARGUMENTACION TRANSITIVA

¿COMO PERSUADIR?

Los autores usan la argumentación persuasiva para convencer a tus lectores de que son válidas tus propuestas o tus puntos de vista acerca de un tema. La intención es de persuadir a los lectores a que crean y piensen igual que el autor. El método que se emplea es el de razonar.

El tema de una argumentación persuasiva es muchas veces contendiente en el cual el autor trata de convencer a otras personas que deben modificar sus opiniones. Por ejemplo, un escritor puede tratar de persuadir a los miembros de un partido político a sostener el candidato de otro partido.

Otras veces, sin embargo, un ensayista solamente estará tratando de despertar al pueblo de su ignorancia o de su apatía. Un escritor, por ejemplo, se encontró con un tema sobre ratas. Trataba de educar a la comunidad universitaria en cuanto a los peligros para la salud pública al domesticar las ratas del pueblo. Tal punto de vista levantaría los sentimientos de la gente sólo si ésta tuviera interés personal en las ratas.

Otras veces, un escritor trata de convencer al lector que debe aceptar otro punto de vista que esta casi relacionado con el de él, pero lo presenta en una forma nueva o rara que confunde al lector. En tal caso, el escritor no tiene que persuadir a nadie de modificar su opinión, pero de todos modos, el lector se opone a la propuesta del ensayo. Por ejemplo, el escritor y el lector estarán de acuerdo que el copiar entre estudiantes es malo, pero es posible que cada uno tenga una opinión de cómo poner en vigor las reglas en contra de la práctica.

Un lugar donde, por cierto, hallará ensayos persuasivos es en la sección de opiniones de cualquier periódico. Es allí donde los artículos toman cierta postura en cuanto a un tema polémico y la proponen con el objeto de convencer al lector que la postura del escritor es la acertada y que vale la pena sostener su punto de vista.

La argumentación persuasiva es quizás el ensayo más formal entre todos los otros ensayos transitivos que hemos estudiado hasta ahora y el que tiene más estructura. Claro está, que requiere una estructura lógica para convencer a cualquier lector de que la postura del autor tiene valor.

Este ensayo se puede redactar utilizando todas las estrategias transaccionales que ya hemos explicado y practicado hasta ahora: la descripción, la narración, el proceso, el análisis, la comparación y el contraste, y la clasificación. Desde luego se pueden usar todas para formular el ensayo persuasivo si se requiere. Además, como cualquier otro ensayo, tiene que tener un principio, la base o cuerpo del mensaje, y un fin. No obstante, hay otras cosas que considerar cuando se escribe un ensayo persuasivo.

Hay otras preocupaciones en la argumentación persuasiva. Además de proponer una tesis, que en este caso toma la forma de una postura, la introducción es donde se explica el problema del tema. Es este problema el que ocasiona el ensayo. En el cuerpo del ensayo, además de sostener la tesis mediante una narración y una descripción del problema, el autor muestra las debilidades de la postura contraria. Es aquí donde se refuta la contratesis. Al final, especialmente si se quiere involucrar al lector, se concluye con un llamamiento a la acción.

PASO UNO: MANERAS DE RAZONAR-- LA LOGICA DEDUCTIVA

Hay dos maneras básicas de razonar cuando se escribe un ensayo persuasivo. Una es **la lógica deductiva** y la otra **la inductiva**.

La lógica deductiva es una manera de razonar que usa supuestas verdades como evidencia para llegar a -- o inferir-- otras verdades.

TEMA UNO: EL SILOGISMO

La forma de tales frases lógicas se llama **silogismo**, el cual se compone de dos proposiciones o frases (que se llaman **premisas**) y una conclusión. La argumentación deductiva es conclusiva. Eso quiere decir que el escritor basa sus conclusiones solo en la evidencia que presenta en las premisas. Si las premisas son verdaderas, las conclusiones serán verdaderas. En efecto, si las premisas son verdaderas, entonces es imposible que la conclusión no sea verdadera. He aquí un ejemplo de la lógica deductiva:

Premisa 1: Todos los estudiantes en la clase de redacción de la universidad están en su tercer año universitario.

Premisa 2: Todos los que están en su tercer año tienen que tener una especialización fija.

Conclusión: Por lo tanto, todos los estudiantes que están en la clase de redacción tienen fijada su especialización.

La conclusión de esta argumentación se basa solamente en las premisas, o en la evidencia dada. El argumento es conclusivo. No hay necesidad de tener más evidencia de la que se dio en las premisas para llegar a la conclusión. Además, las frases en el silogismo se colocan de tal manera para que la conclusión *se obtenga* lógicamente de las premisas.

Ahora, veamos un silogismo en donde la conclusión no se obtiene de las premisas:

Premisa 1: Es posible que los edificios con enchufes hechos por Cabrera e Hnos. tengan problemas de incendio.

Premisa 2: El Hotel Mar y Sol tiene enchufes hechos por ellos.

Conclusión: El Hotel Mar y Sol tendrá incendios.

Desde luego, este no es un argumento conclusivo porque la conclusión no se obtiene de las premisas. No estamos de acuerdo con la segunda premisa, y entonces no aceptamos la conclusión. Si podemos ayudarles a nuestros lectores a que estén de acuerdo con todo lo que afirmamos en el ensayo, es seguro que estarán de acuerdo con la conclusión.

Los argumentos deductivos pueden usarse para justificar la postura fundamental de un pensamiento. Es difícil que se contradiga un argumento conclusivo. Es más fácil convencer a los lectores que compartan las opiniones del autor cuando la conclusión se obtiene de un razonamiento lógico.

TEMA DOS: EL SILOGISMO HIPOTETICO

Otra forma de argumentación deductiva es una clase condicional que se llama <<silogismo hipotético>>. Esta clase de argumentación se define a través de una serie de declaraciones <<si ... entonces>>, y tienen una estructura en donde la última parte de la premisa anterior o antecedente será la primera parte de la consecuente. Esta clase de razonamiento se usa para llegar a una conclusión basada en una serie de frases interdependientes y condicionales.

A continuación tenemos un ejemplo de un **silogismo hipotético**:

Premisa 1:   Si yo soy un alumno en el programa de estudios pre-médicos, entonces tengo que tomar cuatro clases de ciencias el trimestre que viene.
Premisa 2:   Si tengo que tomar cuatro clases de ciencias el trimestre que viene, entonces no tendré tiempo para la clase de música que quiero tomar el trimestre próximo.
Conclusión: Y entonces, si tomo una clase de música el trimestre próximo, no puedo continuar los estudios en el programa de pre-medicina.

Fíjate en que cada declaración depende de la anterior por su primera mitad. Se usa el silogismo hipotético para demostrar las consecuencias de una serie de acontecimientos relacionados.

TEMA TRES: LA POSTURA INDIRECTA

El tercer proceso deductivo que tenemos es el proceso en el que se usa una argumentación indirecta. En esta clase de inferencia, el escritor presenta un gran número de proposiciones. Una de estas es verdadera, pero no se sabe cuál de ellas. La proposición correcta se verifica eliminando las otras que son falsas. Por ejemplo, un escritor probaría por eliminación que cierta persona en una investigación de un homicidio es la culpable. Se puede eliminar los otros sospechosos si tiene una excusa. La persona culpable será aquella desprovista de excusas.

PASO DOS: LA LOGICA INDUCTIVA

Si afirmáramos que <<el número de desempleo siempre sube en los Estados Unidos cuando gobierna una administración republicana>>, tendríamos dos vías de posible apoyo. En una de ellas, construiríamos una cadena deductiva con una postura general como una conclusión y utilizaríamos todos nuestros esfuerzos para ayudar a nuestros lectores a aceptar una o dos de las aserciones en un nuevo silogismo. En la otra, abandonaríamos la lógica deductiva y trataríamos de <<probar>> nuestra aserción a través de la inducción--es decir, examinar los aspectos peculiares en una situación e inferir una conclusión de ellos. Podemos, entonces, examinar cada uno de estos dos procedimientos para ver la relación de cada conclusión a su procedimiento fuente, y así podemos formar un entendimiento de la diferencia esencial entre la inducción y la deducción.

Lo que sigue es un ejemplo deductivo:

Premisa 1:   Los gobiernos del partido republicano siempre promulgan una política que protege a los ricos de la inflación.

Premisa 2:   La política que protege a los ricos de la inflación hace que suba el desempleo.

Conclusión: El desempleo sube durante los gobiernos republicanos.

En contraste, un ejemplo inductivo de la misma materia:

Premisa 1: El desempleo subió durante el gobierno de Hoover

Premisa 2: El desempleo subió durante el gobierno de Ford.

Premisa 3: El desempleo subió durante el gobierno de Reagan.

Conclusión: El desempleo sube durante los gobiernos Republicanos en los Estados Unidos.

Como nos muestra el ejemplo, en vez de proseguir desde posturas generales a una conclusión específica, la lógica inductiva debe proseguir desde las posturas específicas hasta una conclusión general. Se ve, entonces, que la conclusión no está incluída en la postura que la sostiene.

Se escribió el ejemplo inductivo anterior muy sencillo para que estuviera bastante claro nuestro punto. Desde luego hallaremos posturas y conclusiones mucho más complejas en la mayoría de las situaciones polémicas. Por ejemplo, no aceptaremos ni negaremos inmediatamente la conclusión <<el desempleo sube durante cada gobierno republicano>>. Así, hemos de determinar su validez al examinar las posturas específicas en las que se basa la conclusión. El individuo que cita diez diferentes gobiernos republicanos, durante los cuales ha subido el desempleo, tendrá un soporte más fuerte que otro individuo que ha citado solamente uno o dos.

PASO TRES: COMO SOSTENER UNA ARGUMENTACION INDUCTIVA

¿Cómo se puede convencer a nuestros lectores que acepten nuestras opiniones? Quizás debemos hacer la pregunta de otra forma: de acuerdo a la postura que creemos, ¿cómo podemos convencer a nuestros lectores a que crean en esa postura y en nuestra conclusión?

Aunque se habla en este capítulo de la argumentación, que se asocia con varias clases de hechos, cifras y cálculos, es apropiado el uso de la palabra <<creer>> en la oración anterior. Cuando los humanos discuten, tratan de persuadir a otros humanos a que adopten ciertas creencias; ellos no formulan posturas muy formales que los fuerce a «ver la verdad». Es importante reconocer nuestra tendencia de igualar una argumentación con una prueba científica. Esa tendencia quizás resulte de la falta de entendimiento de la relación intercalada de las argumentaciones deductivas y las inductivas.   Son las inductivas las que sostienen a las deductivas y que las preceden.

Tú estarás de acuerdo con la postura anterior de que las argumentaciones   inductivas siempre sostienen las deductivas si piensa en el hecho de que la argumentación deductiva no contiene nada nuevo.   Por ejemplo, si tú sostienes la conclusión <<el desempleo sube durante los gobiernos republicanos>> con las aserciones--por ejemplo, <<los republicanos siempre promulgan una política que protege a los ricos>>; <<la política que protege a los ricos causa subir el desempleo>>--se espera uno o dos resultados.   Puede ser que el lector ya esté de acuerdo con las premisas fundamentales y, así, ya habrá aceptado, implicitamente, la conclusión; o él o ella no ha aceptado automaticamente las premisas fundamentales.   En este caso, hay que ofrecer un apoyo amplio para todas las premisas.   Si tú quieres convencer a los lectores de algo que no creen con firmeza, hay que ofrecerles una argumentación inductiva que sostenga la conclusión del ensayo.   De otra manera, habrá desacuerdo entre el lector y el autor antes del fin del ensayo.

TEMA UNO: DOS CASOS DE FORMA

Dada la comprensión de la relación entre la lógica deductiva y la inductiva, podemos formular la siguiente pregunta, <<¿Cómo podemos formar nuestras argumentaciones inductivas para que los lectores puedan moverse fácilmente desde las posturas fundamentales las que ofrecemos a la postura general que pretendemos inducir de ellas?>>

CASO UNO: LA ARGUMENTACION
DE PROBABILIDADES

En el razonamiento inductivo, se cree que la postura general siempre ocurre y es verdadera, por ejemplo, <<si encendemos un fósforo cerca de un escape de gas própano, siempre se provocará un incendio>>, esa postura se llama «postura general **uniforme**». Cuando hay una gran probabilidad de que ocurra una cosa, pero no hay una certeza total, y hay una postura totalmente verdadera, se llama «postura general **estadística**». Las posturas generales **estadísticas** se basan en la probabilidad matemática--es decir, creemos que, basándonos en la evidencia estadística anterior, hay una probabilidad considerable de que ciertos acontecimientos ocurran, y que ocurran bajo ciertas circunstancias. Por ejemplo, cada vez que se tira una moneda, hay una probabilidad de cincuenta por ciento de que salga una cara. Basándonos en esta estadística, es probable que si tiramos una moneda cien veces, salga en cara cincuenta veces. No obstante la probabilidad, no es absolutamente cierto que salgan las cien caras. En este caso, podemos hablar en términos matemáticos.

Para ser eficaz, tú debes basar tu ensayo en la cuestión de probabilidades establecidas en las evidencias que son correctas, exactas, evidentes, y bien documentadas.

CASO DOS: LA ARGUMENTACION DE ANALOGIAS

Otro método de razonamiento inductivo es la argumentación por analogía. Con esta clase de lógica, el escritor demuestra la validez o falsedad de una postura al compararla con otra postura semejante hecha de una manera idéntica. Por ejemplo, para demostrar la tontería que es decir «debemos suprimir todas las tabernas porque hay algunos que se emborrachan en ellas», el autor dirá que esta postura es similar a la postura «debemos suprimir el matrimonio porque algunos cometen adulterio en él». Es claro que la segunda postura es una tontería. Si es así, el autor ha demostrado que tampoco tiene valor la primera. La analogía es una herramienta muy útil para persuadir al lector a que acepte su tesis. Pero es muy importante también valorar la clase de lector que se tiene.

TEMA DOS: EL ASUNTO DEL LECTOR

CASO UNO: UNAS ESTRATEGIAS y

sus PREGUNTAS GUIONES

Si tú fueras un agente de seguros y quisieras tener éxito, estudiarías las necesidades de tu cliente y escribiría la póliza para satisfacer esas necesidades. Antes de redactar un ensayo persuasivo seguirás un procedimiento semejante. Si tú crees que lo que recomienda a tus lectores es para su beneficio general, te interesarás en hacer el ensayo de acuerdo a las necesidades de ellos. A continuación hallarás unas sugerencias que tratan acerca de este problema.

ESTRATEGIA 1:   Imagina   unos lectores fijos.

¿A quiénes quieres persuadir--a los padres, a los compañeros de clase, a los lectores del periódico de la universidad, o a otros?   Primero, tú sabrás que no hay esperanza que una redacción sea eficaz en persuadir a nadie. Es más. No hay seguridad de que una redacción hecha para uno de estos grupos sirva para persuadir a ninguno. Un ensayo escrito para cualquier lector, no tiene propósito de comunicar a nadie fijo. Tendrás un propósito mucho más fijo si defines a quién lo escribes.

ESTRATEGIA 2:   Identificarte con los lectores.

Al indentificar a los lectores, podrás empezar a identificarte con ellos. En este sentido, <<imaginarse>> quiere decir ponerte imaginativamente en su lugar y ver el problema del tema desde su punto de vista. Si hay que persuadir, debes recordar que tus lectores no comparten tus creencias actuales. Tu propósito es de llevarles hacia estas creencias. Para llevarlos, hay que saber dónde están ellos. Sólo al entender las actitudes reales de ellos puedes tener la esperanza de cambiarlas. Esta identificación primordial con el lector no es un truco; tú no formulas algo en dónde no lo es. Sólo quieres establecer un <<terreno>> de acuerdo con lo que tú quieres ampliar.

ESTRATEGIA 3: **Enfocar lo que es importante para el lector y para si mismo.**

Al identificarte con tus lectores, tú te asocias con ellos. Tú notarás que empiezas a pensar y formular tus ideas como lo harían ellos y que escribirás para con ellos y para ti mismo.

ESTRATEGIA 4: **Proveer la evidencia que necesitan los lectores para aceptar tus creencias.**

Si tú les tienes respeto a tus lectores, no les pedirás que acepten ninguna opinión sin sostenerla bien. Tampoco si fueras un hombre de negocios, le pedirías a tu socio en una compañía creer que una inversión propuesta sería provechosa. Normalmente los dos discutirían la propuesta en base a la evidencia ofrecida por ti y no tomarían una decisión hasta que ambos estuviesen satisfechos de los méritos de tal inversión. Como escritor, tú tienes la obligación de <<deletrear>> con muchos detalles porque tú crees que los lectores deben aceptar tus conclusiones. No vale que los lectores crean que la argumentación es firme. Hay que persuadir a los lectores.

ESTRATEGIA 5: **Redactar un ensayo fácil de leer.**

Puesto que el escritor les lleva y guía a sus lectores, tú debes hacer todo lo posible para que sigan fácilmente el razonamiento que les presentes.

TEMA TRES: DOS ESTRATEGIAS PARA PERSUADIR

En general un escritor tiene que usar dos estrategias para persuadir; el o ella apela al raciocinio y a las emociones del lector. Puedes convencer a los lectores a través de la lógica inductiva y deductiva para ganar su confianza y para despertar sus simpatías. Sin embargo, no tienes que usar solo una estrategia separada, sino debes usarlas juntas en el mismo ensayo.

ESTRATEGIA 1:   APELAR   AL   RACIOCINIO --

Ya se ha dicho algo de esto, pero vale la pena repetirlo. El ensayo persuasivo se basa en el razonamiento--el cual debe ser el apoyo de toda redacción que tenga tal propósito, aún las que tienen el propósito de conmover las emociones.

ESTRATEGIA 2:   APELAR A LAS EMOCIONES --

Algunas personas creen que el apelar a las emociones es una manera indigna de persuadir. El término les sugiere una imagen de un escritor espantando a sus lectores para que, sin pensar, huyan en tropel a aceptar el propósito del escritor. Eso sí pasa, pero tales abusos a la apelación emocional no quita la necesidad de usarlo. Los lectores sienten tanto como piensan, y para persuadirse totalmente, hay que sentirse involucrado intelectual y emocionalmente. La necesidad de la apelación emocional se hace máxima cuando el escritor quiere persuadir a los lectores de que la situación es mala y deben hacer algo para cambiarla. Puesto que cualquier acción requiere esfuerzo, no es probable que la gente actue a menos que sientan una necesidad obligatoria. La apelación emocional crea esta necesidad. Una vez que están persuadidos emocionalmente y creen que algo debe efectuarse, estarán dispuestos a considerar unas posibles soluciones y escogerán la que les parezca mejor. Se ha dicho que la apelación emocional es el arranque y la argumentación es el guía. No escogemos entre las dos. Las dos son necesarias y tienen tres manifestaciones: **el ejemplo, la descripción**, y la **narración**. Ellas son las herramientas básicas de una apelación emocional.

La apelación emocional más fuerte demuestra una necesidad a través de ejemplos. Las agencias que buscan dinero para alimentar, alojar, o sanar a los niños que sufren en el mundo, escogen a un niño particular como algo típico y apelan a las simpatías con una foto de aquel niño y una descripción de la situación. Un ejemplo personifica la situación.

El anuncio que sigue ilustra esta clase de propaganda persuasiva.

¿Cúanto pueden valer° unos ojos?

Hay cosas que no pueden comprarse con dinero.
Los ojos, la felicidad. la vida... Ud. puede dar a un ciego todo esto, donando sus ojos hoy. para cuando ya no los necesite.
El Banco Español de Ojos no le pagará nada por ellos, pero tampoco cobrará° nada a la persona que los reciba. Sus ojos serán utilizados siempre gratuitamente.°
Lo único que Ud. recibirá es el agradecimiento° de alguien que conocerá la vida gracias a su gesto.°

Hágase donante del

BANCO ESPAÑOL DE OJOS

¡¡LLÁMENOS!! Banco Español de Ojos
Tel: 733 16 00/04

Fundación General Mediterránea
Tel: 225 93 95

TAREA DE REDACCION 13.1: ANALIZAR LA PROPAGANDA

Ejercicios

Con los otros miembros de la clase, traten la cuestión de la eficacia de estimular las emociones a través de la propaganda mediante las siguientes preguntas:

1. ¿Para qué clase de lector se designó el anuncio?

_____

2. ¿Es que se limita sólo a estimular las emociones?

_____

3. ¿Contiene una argumentación lógica?

_____

4. ¿Está convencido de ella?

_____

5. ¿Le gusta que apelen a sus emociones?

_____

6. ¿Le gustaría mejor si apelaran a su disposición intelectual?

_____

• **SEGUNDA ETAPA:**

REDACTAR UN ENSAYO PERSUASIVO

El extender una estrategia lógica a un ensayo no es nada menos que aumentar las facetas del plan que la respalda--es decir, hay que añadir definiciones, narraciones, explicaciones, y ejemplos ilustrativos a cualquier diseño de razonamiento.

PASO UNO: USAR LA LOGICA DEDUCTIVA

Supongamos que quieres probar que el club dramático tiene un efecto adverso en la vida estudiantil de su universidad, y querías llegar a esa conclusión a través de la lógica deductiva. Primero, tú escribirías un silogismo deductivo y escribirías la conclusión. Se desarrollaría, quizás, de la manera siguiente:

Premisa 1: La calidad de la vida estudiantil en La universidad de Keene depende de la felicidad estudiantil y su tarea académica.

Premisa 2: El club dramático tiene un efecto adverso sobre la felicidad y la producción académica de los estudiantes.

Conclusión: Entonces, el club dramático tiene un efecto adverso sobre la calidad de la vida estudiantil de la universidad de Keene.

Tu postura sería válida y conclusiva, porque la conclusión se obtiene de las premisas, es decir, ésta se basa solamente en las premisas que hay en el ensayo.

Esta estructura puede usarse como la base de tu redacción. El silogismo así escrito contiene una definición de palabras y una tesis. Lo que te resta es escribir un párrafo introductorio donde habla de los objetivos de su ensayo y provee ejemplos que ilustran las premisas de su postura general. En este caso, tales ejemplos serían que (1) el club dramático entristece a los que aspiran participar en sus actividades porque no dejan a todos los que quieren y (2) eso perjudica la producción académica de los participantes porque tienen que ensayar demasiado, lo que les quita horas de estudio.

PASO DOS: USAR LA LOGICA INDUCTIVA.

Cuando quieres plantear una postura basada en tus observaciones, lo harías por aumentar el silogismo inductivo. Empezarías presentando tus observaciones y sacando una conclusión acerca de ellas. Un ensayo acerca de los beneficios de ver la televisión se basará en la siguiente:

A.   La televisión me ha enriquecido la mente en la materia de la sociología.   Durante los recientes pasados años, he experimentado programas documentales que (**hay que dar ejemplos específicos aquí**) me han ayudado a ganar entendimiento acerca de otros pueblos y países.

B.   La televisión me ha enriquecido la mente en la materia de las ciencias.   Yo he visto a los astronautas aterrizar en la luna y he experimentado programas de biología y química (**más ejemplos aquí**).

C.   La televisión me ha introducido a la literatura.   Yo he escuchado unos análisis de libros y he visto actuaciones dramáticas (**se debe proveer ejemplos aquí también**) que me han inspirado a leer más.   Estas observaciones serán tus datos.   La conclusión siguiente se obtendría:

Puede verse que, a través de los ejemplos citados, la televisión me ha enriquecido el entendimiento y es, por lo tanto, benéfica.

Ahora,   redacta primero un borrador que tenga señalado de antemano, un lector fijo, un problema o una creencia fundamental--unas posturas fundamentales que le lleven a una postura general, y un llamamiento a la acción para solucionar el problema.

• _____**TERCERA ETAPA: LA REVISION**

PASO UNO: EL SEGUNDO BORRADOR

Después de redactar el primer borrador y de haber presentado una argumentación lógica, tú debes revisarlo para ver si has cometido algún error de lógica o un error en el razonamiento.   Tales errores son falsedades y se llaman <<falacias>>.   Las falacias pueden confundir a tus lectores cuando lean la presentación de tus creencias; entonces sus adversarios --sean los lectores--tendrán porque no creerte. A continuación --una presentación de ciertas falacias lógicas--te será una ayuda para mantener tu razonamiento lógico y concluyente.

TEMA UNO: LAS FALACIAS FORMALES

Hay que evitar las cuatro falacias formales: la de composición, la de división, la de conclusión, y la de <<non sequitur>>--un salto ilógico.

CASO UNO: LA FALACIA DE COMPOSICION

Una falacia formal es un error en la forma de la argumentación. Tal falacia es la de <<composición>>, la cual sugiere erróneamente que lo que es verdadero para una parte de una cosa, es verdadero para el total. Por ejemplo, un estudiante escribió un ensayo vacío en el cual sugirió que cada profesor de historia que había, había enseñado el marxismo. Sobre esta tesis trémula, mantuvo la postura general que su universidad era marxista. Se puede ver claramente que esta conclusión es absurda: no se puede decir que la universidad entera tiene la misma actitud política que tienen algunos de los individuos que allí enseñan.

CASO DOS: LA FALACIA DE DIVISION

La situación opuesta, la <<falacia de división>>, es otro error común de razonamiento que se debe evitar. En este caso, lo que se cree verdadero para el total también se cree erroneamente verdadero para cada una de las partes de él. Por ejemplo, otra estudiante escribió que su universidad se había propuesto la meta de aumentar el número total de estudiantes. Ella concluyó que cada facultad iba a hacer lo mismo y erróneamente razonó que la facultad donde sacaba su título tendría una gran cantidad de estudiantes y una actitud impersonal entre los profesores. Su conclusión no es necesariamente verdadera. Lo que se cree verdadero del total no pertenece a las partes parciales.

CASO TRES: LA FALACIA DE LA CONCLUSION MALA.

Aún otra falacia formal que se debe evitar es la de <<la conclusión inaplicable>>. Se comete cuando hay una conclusión mal sostenida. Por ejemplo, uno quiera mostrar que los estudios universitarios no son necesarios y en el proceso de escribirlo, demostrará que cuestan demasiado. Puede que sea verdadera esa conclusión, pero no tiene nada que ver con lo que quiso probar el escritor, por lo tanto se ha cometido una falacia.

CASO CUATRO: LA FALACIA «NON SEQUITUR»

En este caso, al escritor se le olvida incluir una premisa en la argumentación lógica. A veces se llama un <<salto argumentativo>>. Fíjate en la postura fundamental y la general que siguen:

Una clase de historia cabe en mi horario el trimestre que viene. Tendré bastantes créditos para un <<menor>> en esa materia.

Será razonable la postura general--la segunda--hasta que se dé cuenta de que no se ha dicho la premisa <<si yo me matriculo en una clase de historia>>. Sin esta premisa, se ha cometido un error en la lógica al saltar de una premisa a la otra sin tener entre las dos un puente adecuado.

ULTIMO PASO: EL BORRADOR FINAL

Al escribir tu último borrador, revísalo para ver si se ajusta a la siguiente filosofía. Una argumentación persuasiva requiere tanto de la discreción como de la capacidad lógica para redactar eficazmente. Es importante que tú evites ofender a tus lectores con un estilo no delicado. El estilo elegante pide que uses un tono atrayente y educado pero no uno donde sea pedante. ¡Sí que se debe preocupar del tono! Porque aunque tu lógica sea impecable, tú perderás la confianza de los lectores. Después de haber alejado a los lectores, ellos buscarán cuidadosamente los errores en tu lógica. Acuérdate de que hay pocos temas que tengan una solución absoluta. Si admite honorablemente que hay dos posibles puntos de vista, dos que tienen sus méritos, tus antagonistas se sentirán más atraídos a sus creencias. Es más fácil ganar conversos para tus puntos de vista a través del respeto que tienen hacia tu imparcialidad y honradez.

CAPITULO 14

UN ENSAYO DE SINTESIS

PROYECTOS DE REDACTAR BASADOS EN EL RAZONAR

Para llegar a este punto de síntesis, en el capítulo nueve, descubrimos cómo comparar y contrastar dos cosas. Mientras tanto, en el décimo, aprendimos cómo redactar un ensayo de clasificación. Con el once, consideramos una manera de escribir una argumentación que respaldara una postura general. Al propósito de todo eso, antes de hacer una síntesis de estos modos de pensar para analizar unas piezas literarias, te ofrecemos la última técnica de auto preparación antes de redactar.

• PRIMERA ETAPA: LA INVENCION

TECNICA CINCO: EL ENCUADRAR

Te acordarás de las otras técnicas de esta etapa, la primera en el proceso de redactar, tales como: el hacer una lista; el apiñar; el dialogar; y el ciclear--las que tú habrás usado para enfocar un tema. A las demás técnicas te añadimos una que te pueda abrir aún más vistas y más oportunidades.

UNA SINTESIS CUBICO--

Tú estás acostumbrado a considerar un tema a través de, por lo menos, dos perspectivas. Pero, ¿por qué no considerarlo a través de seis ahora? Para mi, una manera muy buena de pensar en algo es visualizarlo por medio de una figura geométrica. Se notará que la figura abajo tiene seis caras como un cubo. Imagínate que cada cara del cubo representa una vista diferente del mismo tema; entonces nos podemos imaginar una figura como ésta:

207

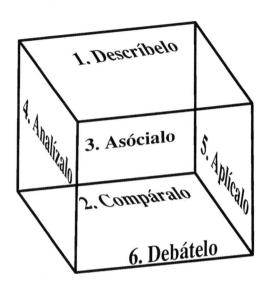

LAS CARAS DEL CUBO:

1. Descríbelo: Considera cuidadosamente lo que es el tema y descríbelo.

2. Compáralo:¿Hay cosas semejantes? ¿En que es diferente a otras cosas?

3. Asócialo: ¿A qué te recuerda? ¿Qué otras asociaciones te vienen?

4. Analízalo: Di cómo se hace; miente si no estás seguro.

5. Aplícalo: ¿Para qué sirve?   ¿Cómo puede usarse?

6. Debátelo: Toma un punto de vista; presenta razones-- cualesquiera.

Imagínate que las caras del cubo representan una formula para organizar un ensayo pequeño, hecho--por lo menos--de seis párrafos. La cara superior representa el deber primordial de describir algo acerca de tu tema. Después, la cara hacia nosotros--el del frente--representa la acción de comparar. Mientras tanto la cara atrás representa la asociación. Y luego para la cara izquierdo tenemos el análisis, mientras el plano inferior indica la necesidad de explicar cómo se aplica. Y, a la cara derecha, un estímulo para recordar el polémico como algo propicio. Pero, antes de pensar geométricamente, el primer paso, desde luego, es el de seleccionar un tema para el cubo, por ejemplo, si escogiera el tema: **Una Vela**, escribirías de él a través de las seis caras del cubo así:

Cara 1: <<El hacer velas>> es una de la actividades más divertidas e interesantes que me ha tocado hacer.

Cara 2: No hay nada que se le compare, pues es diferente a cualquier cosa que uno haya intentado antes.

Cara 3: Podrías decir que es como hacer magia, como hacer aparecer algo en un lugar donde no había nada anteriormente.

Cara 4: Para hacer una vela, se tiene que conseguir parafina y hay que derretirla en un recipiente metálico. Cuando el líquido está listo, se vierte en un molde hecho de antemano,.

Cara 5: Esta vela puede ser usada para decorar un ambiente o bien para iluminar con tu luz cálida un cuarto que se encuentre en penumbras.

Cara 6: Fabricar una vela es algo muy interesante, especialmente porque uno tiene el placer de hacer algo que será útil y decorativo,..>>

Si ya has tomado la decisión de lo que es tu tema, desde luego lo puedes usar. De otra manera, haz el favor de referirte a la lista que se presentó en el Capítulo 6 (página 114) para poder escoger uno que señalaste con una <<B>>. Más tarde, tú querrás considerar uno de las <<C>> como otra posibilidad, pero debe empezar con algo del cual tiene algún conocimiento. Importa poco donde hace el encuadrar mientras considera el tema a través de todos las caras.

Al estar frente al computador y con tu tema en mente, estarás listo para seguir cada paso de la serie. No tengas cuidado de revisar o redactar. Esta será una sesión de libre escribir con diferentes enfoques del mismo tema. Sencillamente, ahora tú podrás agotar todos los pensamientos sobre cada categoría y escribir un párrafo acerca de élla.

La Cara 1. **La descripción:** Podrás describir tu tema; lo podrás ver con cuidado y lo podrás delinear a través de tantos detalles como sea posible. Querrás empezar desde el punto de vista de todos las caras del cubo--desde la cara superior, inferior, del fondo, de las caras, etc. Si tu tema no es algo físico sino una idea, tal como <<la violencia>> o <<el cocinar>>, querrás tratar los aspectos físicos que ves en la violencia--los que tienen algo que ver con ella. Supongamos que tú seleccionaste «el explorar grutas.» Pensarás en una cueva específica y la describirás. Podrás usar tus dedos para transmitir tus pensamientos a la pantalla mediante un procesador de palabras. Después de cinco minutos de libre escribir en el,, podrás parar y empezar con la cara dos.

La Cara 2. **La comparación:** ¿Qué es semejante a tu tema? ¿De qué difiere? En este cara tú querrás hacer una lista de algunas diferencias y semejanzas, la más larga que pueda. No te preocupes demasiado de desarrollar hondamente cualquier semejanza o cualquier comparación, querrá continuar haciendo listas o escribiendo acerca de ellas. Como anteriormente, te gustará escribir tan rápido como sea posible. Querrás terminar dentro de cinco minutos.

La Cara 3. **La asociación:** La mayoría de los temas nos harán recordar otras cosas o unas experiencias que tuvimos, o las que se relacionaban con ellas. Pensando en esta <<cara>>, podrás escribir cinco minutos, durante los mismos harás una lista de todas las asociaciones--las memorias--que se te vengan a la mente acerca de un tema. Será posible que una asociación o una memoria te venga y que tengas deseos de escribir lo más que pueda acerca de ella. Si te pasa esto, no lo resistas; concentrarás en esa memoria para registrar todo lo que puedas acerca de ella. Tales estímulos pueden señalar que tu mente acaba de proporcionarte un posible enfoque para tu ensayo. Si ese gran relámpago no te ha pasado, al estar escribiendo en el ordenador durante cinco minutos, querrás terminar.

La Cara 4. **El análisis:** ¿En qué consiste tu tema? ¿Se puede dividirlo en fragmentos más pequeños? ¿Se puede clasificarlo en categorías diferentes? ¿Qué se necesita para que exista tu tema? Si no te es claro cuáles son las partes de él en este momento, fabríquelas; sencillamente deje que funcione tu imaginación para que invente. Se puede preocupar con la exactitud más tarde. Escribe cinco minutos en el computador.

La Cara 5. **La aplicación:** ¿Qué se puede hacer con tu tema? ¿Cómo puedes usarlo? ¿Cuáles son los propósitos de él o cuáles son sus usos? Y los más importantes entre ellos ¿cuáles son? Otra vez, si no te son bastante claros, deja que tu juicio se los explique; piense libremente sin juzgar lo que te salga a la pantalla en este momento. Termina de tocar el teclado después de otros cinco minutos.

La Cara 6. **La argumentación:** Sosten una opinión acerca de tu tema. Introduce una afirmación. Pon en orden tus razones que la sostienen, sean tontas o serias. ¿Cuáles son los puntos fuertes de tu tema? ¿Cuáles son los peligros de él? Si se te agotan las razones de un cara del argumento, cambie caras y empiece de nuevo, pero procure continuar con sólo un cara por lo máximo que te sea posible. Hazlo en la pantalla, por lo menos, durante cinco minutos como lo hizo un estudiante de tercer año. A continuación están sus pensamientos siguen.

Al terminar de encuadrar, ya es hora para descansar. Imprime tus seis fragmentos y verás que ellos te parecerán una colección de datos sueltos, pensamientos, e invenciones. Mientras revisas tu materia de cada cara del cubo, de vez en cuando, algunas ideas te saltarán, otras te parecerán demasiado tontas--más tontas que cuando las escribiste por primera vez.

No te preocupes con estas contradicciones aparentes. Tú sabes que durante los primeros pasos del proceso de redactar, es muy posible que se te vengan a la mente algunas cosas bastante raras. Lo importante es tomar una decisión en cuanto al procedimiento de ahora. Sugerimos que mires cada fragmento, que destaques las partes que te parecen posibilidades para desarrollarlas más. Entonces regresa a todoslos fragmentos y piensa en cómo se pueden combinar las partes que has señalado. Por ejemplo, si tu tema es muy general, la asociación, la aplicación, y el argumento te serán las fuentes más ricas. Por otra parte, si hablas de algo físico como tema, la descripción, la comparación, y el análisis te darán más.

De este escrutinio de las diferentes perspectivas del tema, toma una decisión sobre cuál parece llevar la mayor posibilidad para un ensayo. Si descubres que no hay nada que parezca darte bastante materia de que escribir un buen ensayo, no te procupes. Acuérdate de que hay otras técnicas que habrás usado anteriormente. Sencillamente, escoge una de ellas y sigue adelante para crear la obra culminante del semestre, la mejor de todas.

FIN DEL LIBRO